역병의 시대, 조선 지식인의 삶과 공부

송수진 경북대학교 인문학술원 연구원

경북대학교 사범대학을 비롯한 여러 대학에서 교직 과목을 강의해왔다. 현재는 경북대학교 인문학술원에서 연구원으로 재직하며 한국연구재단 과제(조선시대 '부형(父兄)'의 교육적 책무와 권한 연구)를 수행하고 있다. 저서로는 『교사의 권위에 대한 역사적 전개와 전망』(공저), 『교육사 교육철학 입문』(공저) 등이 있으며, 논문으로는 *The context of Songdok: Two purposes of traditional Korean education*, 「조선 전기 부형(父兄)의 위상과 교육적 책무」, 「조선 전기 태조-중종대 '존사(尊師)': 유교 이념과 현실 사이에서」, 「한국 전통 교육에서 '학우(學友)' 개념 검토: 유가(儒家) 교유관을 중심으로」, 「늙음의 교육적 성찰: 『논어』를 중심으로」, 「최남선의 『산수격몽요결』 검토: 입지(立志)가 아닌 입지전(立志傳)을 위한 공부」 등이 있다.

경북대학교 인문교양총서 60
역병의 시대, 조선 지식인의 삶과 공부

초판 1쇄 인쇄	2024년 6월 20일
초판 1쇄 발행	2024년 7월 5일

지은이	송수진
기 획	경북대학교 인문대학
펴낸이	이대현
편 집	이태곤 권분옥 임애정 강윤경
디자인	안혜진 최선주 이경진
마케팅	박태훈 한주영

펴낸곳	도서출판 역락
출판등록	1999년 4월 19일 제303-2002-000014호
주소	서울시 서초구 동광로 46길 6-6 문창빌딩 2층(우-06589)
전화	02-3409-2060(편집), 2058(마케팅)
팩스	02-3409-2059
홈페이지	www.youkrackbooks.com
이메일	youkrack@hanmail.net

ISBN 979-11-6742-741-0 04910
      978-89-5556-896-7(세트)

이 책은 정부재정(지원)사업(국립대학육성사업)으로 한국연구재단의 지원을 받아 경북대학교 인문대학에서 제작되었습니다.

역병의 시대,
조선 지식인의 삶과 공부

송수진 지음

경북대학교 인문교양총서

060

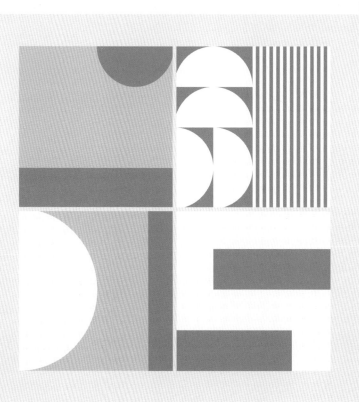

역락

2020년 세계보건기구(WHO)는 코로나19를 팬데믹(Pandemic)으로 공식 선포하였다. 만 2년 만에 WHO 사무총장은 "팬데믹의 끝이 보인다"라는 긍정적인 메시지를 발표했다. 이후 사회 곳곳에서 팬데믹에 대한 공포와 절망 대신, 일상 회복을 위한 기대감과 희망이 논의되었다. 하지만 마냥 팬데믹 종식에 따른 낙관적인 전망만을 다룰 수가 없다. 그 사이 전염병이 끼쳤던 영향은 실로 간단하지 않았으며 팬데믹 상황은 한국 사회의 민낯을 드러내는 계기가 되었기 때문이다. 위기 앞에 단결된 시민 의식을 보여주며 빠르게 안정을 모색했지만, 이 과정에서 집단 간 갈등과 대립, 그로 인한 공동체 균열이 심상치 않았다. 특히 사회적 약자를 둘러싼 부조리한 환경과 불평등의 심화, 공적 책무 의식을 찾아보기 어려운 일부 지도층의 모습 등은 공동체에 대한 낙관적 전망과 신뢰를 기대하기 어렵게 만들었다.

이런 상황에서 개인의 의식에는 어느 순간부터 '각자도생(各自圖生)'이라는 체념적·분노적 키워드가 자리 잡고 있다. 다시 팬데믹이 돌아온다면 공동체의 연대를 도모하기보다, 각자의 생존 배낭에 몸을 맡겨야 한다는 생각이 짙어지고 있다. 연대 의식의 부재는 인간이 어렵게 지켜온 선한 심성을 왜곡시키고 종국에는 인류의 자멸로 이어질 수 있음을 오랜 역사적 경험을 통해 알고 있지만, 어쩔 수 없다는 반응이다. 시장자본주의 체제를 둘러싼 불확실한 담론만 떠들어대는 상황은 인간의 자율적 판단과 선한 의지를 나약하게 만들 수 있음을 상기해야 한다. 이제 인간으로서의 윤리적·사회적 도의와 책무에 대해 논의하는 담론이 절실하게 필요한 시기이다.

본서는 조선시대 유교 지식인들이 잦은 팬데믹의 위협 속에서도 인간이라면 마땅히 챙겨야 하는 도덕적 의식과 실천을 버리지 않은 채 유학적 이상을 실현하기 위해 어떠한 노력을 시도했는지를 살펴본다. 이를 위해 유교 지식인에 해당했던 14명의 조선시대 선비들을 다룬다. 선비는 유학을 공부하여 수기치인(修己治人)을 삶의 목표로 여긴 자이다. 이 중 '관료 지식인'은 과거에 입격하여 출사를 통해 공부의 이상을 실천했던 이들을 일컫는다. 본서에서는 유학에 뜻을 두고 개인의 인격 수양뿐만 아니라 공공의 문제 해결에도 노력했던 이들 모두를 '유교 지식인'이라 총칭하고자 한다.

이들에게 배움·공부는 실천이 동반됨으로써 완성되기 때문에, 곧 삶 그 자체였다. 이 과정에서 단순히 이들의 노력을 미화하는 식의 서술은 피하고자 필자의 주관적 의견은 최소한으로 기술하였다. 다만 현세적이고 도학적인 유학을 추구했던 지식인들이 극한의 두려움과 불안에 직면했을 때 보여준, 있는 그대로의 상황과 처신을 보여주고자 하였다. 특별히 인간적인 면모와 애환을 기록하는 까닭은, 인간에 대한 연민과 애정 어린 시선이 계속 이어졌으면 하는 바람 때문이다.

현대인들은 조선시대 당시의 혼란에 대해 실감하지 못하는 경우가 많다. 역병(疫病)으로 길가에 즐비한 시체는 조선시대의 일상적 모습 중 하나였다. 역병의 사전적 의미는 '대체로 급성이며 전신(全身) 증상을 나타내어 집단적으로 생기는 전염병'을 뜻한다.[1] 전통사회에서 돌림병을 뜻하는 역병은 악병(惡病), 여역(癘疫), 역려(疫癘), 역질(疫疾), 온역(瘟疫), 장역(瘴疫), 질역(疾疫) 등 다양한 이름으로 불렸다. 전염병의 원인과 실체를 정확히 알아낼 수 없었기에 역병을 지칭하는 그것 또한 한 두 가지가 아니었다. 『조선왕조실록』에 따르면 조선시대는 평균 1년에 2.8건의 전염병이 발생할 정도로 역병이 끊이지 않았다(김양식, 2020; 9). 이성계가 요동정벌 불가의 원인으로 장마철이라 군사들이 역병에 걸릴 위험이 있음을 언급했듯, 조선시대에서 역병은 정치·군사·사회적으로 중요한 변수 중 하나였다. 역병은 한 지역에서 국지적으로 발생하기도 했으나 나라 전체에 유행하기도 했다. 전쟁과 가뭄, 홍수, 지진 등의 잦은 재난 상황은 기근과 전염병을 연쇄적으로 수반하여 개인과 공동체의 일상을 빈번하게 위협하였다.

정체불명의 전염병과 맞서 싸워 살아남아야 하는 일은, 누구라도 예외가 없었다. 유학자들도 마찬가지였다. 이들의 문집을 구

---

1   국립국어원 표준국어대사전, https://stdict.korean.go.kr/search/searchView.do(2024년 3월 6일 인출).

성하는 시와 편지에는 역병으로 인한 서글픔, 안타까움, 괴로움 등의 감정 표출을 쉽게 찾아볼 수 있다. 이처럼 조선시대의 유교지식인들 대부분은 삶에 대한 불확실성과 위협에도 견디고 버티며 살아남아야 했던 이들이었음을 상기할 필요가 있다. 본서에서 다루는 인물들의 삶의 궤적은 달랐지만, 팬데믹의 불가항력 상황에서도 인간으로서의 존귀(尊貴)를 지키며 문화인으로서의 정체성을 가꿔나가고자 나름의 노력을 모색했다는 공통점이 있다.

이에 본서는 조선시대 유교지식인들이 팬데믹의 진공상태에서 '존귀'한 삶을 지켜냈던 것이 아니라, 절망과 두려움을 마주하는 가운데 자신들이 추구하는 가치를 실현하고자 했음을 주목하였다. 이들이 보여주는 삶에 대한 태도와 공부의 노력 등을 짚어보면서 한국사회가 직면한 여러 문제들을 풀어갈 대안을 모색할 수도 있을 것이다. 더 중요한 것은 '각자도생'이 아닌, 타인에 대한 공감과 호혜를 전제로 하는 '공존'의 중요성을 자각할 수 있어야 할 것이다. 많은 이들이 코로나 이후의 세상은 팬데믹 이전으로 결코 돌아갈 수 없다는 점에서 '새로운 일상(New Normal)'이라는 점에 동의한다. 팬데믹은 언제든 반복될 수 있기 때문이다. 이제는 포스트 코로나(Post-COVID 19), 뉴 노멀의 시대에서 어떻게 일상을 살아갈 것인지를 논의해야 할 시점이다.

목차

제1부

역병의 원인을
어떻게 이해했는가

1. 권근, 유교식 인정(仁政)으로 무사귀인을 위로하라

　　우리네 역사에서 역병은 언제부터 등장했을까? 역병과 관련한 가장 오래된 기록은 기원전 15년(백제 온조왕 4년) "봄과 여름에 가물어 기근이 생기고 역병이 유행했다.(『삼국사기』, 권 제23 백제본기 제1)"는 기사로, 삼국시대부터 역병이 발생했음을 확인할 수 있다. 인류의 역사에서 역병이 끊이지 않은 적은 없었지만, 조선시대는 역병의 발생 규모와 피해가 이전 시기에 비해 컸다. 이 시기는 『조선왕조실록』을 비롯하여 개인 문집이 풍부하게 남아있어 무엇보다 역병에 대한 개인적·사회적 인식과 대응을 파악하기에 용이하다. 이러한 기록들은 조선시대에 역병이 매우 일상적이었으며 당대인들의 삶에 많은 영향을 끼쳤으며, 이전보다 더더욱 대량의 인명 피해, 즉 인간에게 가장 큰 현실적 피해를 입혔음을 말해준다(이주영, 2022: 268).

　　당시 역병의 원인, 감염 경로, 대응 방식에 대한 과학적 이해는 부족했지만 나름의 역병에 대한 이해와 대응을 갖춰나갔다. 특히 유교 사회를 천명한 조선에서는 이전의 불교식 이해와 대응과 차별화되는 새로운 방식을 보여주었다. 유교식 제사인 여제(厲祭)가 등장한 것이다. 여제는 유학자들이 역병의 원인을 어떻게 이해하고 대처했는지를 증명한다. 즉, 조선사회가 국가를 운영하는 이념으로 여겼던 유학의 성격을 보여준다. 조선 초 여제에 대한 논의가 나오게 된 배경을 살펴보자.

1401년(태종 즉위년) 고려 초기에 건립된 왕실의 별궁인 수창궁에 화재가 발생해 건물 모두가 소실되는 일이 발생했다. 태조 이성계와 태종이 즉위했던 곳이었다. 태종은 이 사건을 재변(災變)으로 여기고 신하들에게 대책을 구했다. 이에 권근(權近, 1352~1409)은 태종에게 여섯 가지 내용을 작성하여 건의하였다(『태종실록』1401년(태종 1) 1월 14일).[1] 고려 말에서 조선 초, 두 왕조에 걸쳐 문신으로 활동했던 권근은 성리학의 기본 개념들을 설명해놓은 『입학도설(入學圖說)』의 저자로 알려져 있다. 그는 성균관에서 성리학을 공부하였으며 새로운 유교사회를 확립하는 데 앞장섰던 인물이다. 이 날 권근의 주장 중 하나는 국가가 주도하는 여제(厲祭)의 실행에 관한 것이었다.

여섯째는 여제를 행하는 것입니다. 옛날부터 무릇 백성에게 공이 있거나, 죽음으로써 일에 부지런히 한 사람은 제

---

1   본서에서 언급하는 '월, 일'은 음력을 의미한다.

역병의 시대, 조선 지식인의 삶과 공부

사를 지내지 않는 일이 없습니다. 제사가 없는 귀신도 또한 태려·국려의 법이 있습니다. 지금 홍무예제에 그 법이 매우 잘 갖추어져 있습니다. 우리 국가의 조례와 제례가 모두 명 나라 법을 따르고 있사온데, 오직 이 여제 한 가지 일만이 거행되지 않사오니, 명명한 가운데에 어찌 원통하고 억울 함을 안고 혹은 분한을 품어서 마음속에 맺히어 흩어지지 않고, 배를 주리어 먹기를 구하는 자가 없겠습니까. 이것이 족히 원기가 쌓여 질역이 생기고, 화기를 상하여 변괴를 가 져오는 것입니다(『태종실록』 1401년(태종 1년) 1월 14일).[2]

권근이 언급한 여제는 중국 명나라의 제도를 본따 후손이 없 어 제사를 받지 못하거나 원한을 품고 억울하게 죽어 울분과 한 이 가득 차 있는 무사귀신(無祀鬼神)을 위해 지내는 유교식 제사이 다. 무사귀신은 전쟁터에서 비명횡사한 귀신, 물에 빠져 죽은 귀 신, 처녀 귀신 같이 제사를 지내 줄 후손이 없는 귀신이다. 권근에 의하면 부정적인 기운의 귀신이 지닌 원망스러운 기운은 역병을 발생시키고 조화로운 기운을 손상시켜 재앙을 가져온다. 여제는 '공이 있거나 목숨을 바쳐 일한 자'들의 공로에 대한 보답이 아니 라 귀신에 의해 일어날 수 있는 재난을 미리 없애기 위한 의례의

---

2   본서에서 다루는 『조선왕조실록』 기사는 국사편찬위원회 한국사데이터 베이스(http://www.history.go.kr)에서 인용하였다.

일종이었다(이욱, 2009: 301). 권근은 중국의 역대 예법을 기록한 홍무예제(洪武禮制)에도 여제 의식을 갖추어놓았는데 시행하지 않고 있음을 문제 삼았다. 권근의 건의 이후 1404년(태종 4년) 6월에 예조가 다음과 같이 여제의 의식을 상정하여 올림으로써 여제라는 새로운 제사가 조선시대에 만들어지게 되었다(이욱, 2000: 152).

> 경중과 외방 각관에서 매년 봄 청명일과 가을 7월 15일, 겨울 10월 초1일에 제사가 없는 귀신을 제사하되, 그 단은 성북의 교간에나 설치하고, 그 제물은 경중에서는 희생으로서 양 세 마리와 돼지 세 마리를 쓰고, 반미는 45두로 하며, 외방에서는 지관 이상은 경중보다 3분의 1을 감하고, 현령·감무는 지관보다 반을 감하되, 양은 혹 노루나 사슴으로 대용하며, 주제관은 경중에서는 개성 유후사 당상관이나 한성부 당상관으로 하고, 외방에서는 각각 그 고을의 수령으로 하소서(『태종실록』 1404년(태종 4년) 6월 9일).

예조가 여제의 형식을 건의한 이후 세종대에 이르러 여제가 지방까지 확충되어 실시되기 시작했다. 지방에서의 여제는 각 고을의 지방관이 담당하였다. 중앙에서 지방에 이르기까지 여제의 주관자는 국가임을 상징한다. 여제는 죽어서도 삶에 대한 애착으로 이승을 떠나지 못하는 원혼을 위로하여 안착시키거나 저승으로 돌려보내는 의식이었다. 여기에는 유교적 관점이 전제한다. 인간이라면 누구나 태어나 죽는다. 개체의 생명은 유한하기 때문이다. 그러나 후손들이 대를 이어 죽은 자를 기억한다면? 비록 육체는 소멸해도 영원히 사라지게 되는 것은 아니다. 이때 제사는 유한한 생명의 한계를 뛰어넘어 생물학적 단절을 보완하는 의식이 된다. 남겨진 가족이 죽은 자의 시신을 수습하고 제사를 지내 생전의 그가 지닌 뜻을 계승함으로써 개체의 영속성을 보장받을 수 있었다. 이러한 연유로 유교 사회에서는 혼인하여 대를 이을 후사를 세우는 것이 자손된 자의 역할이었다. 돌아가신 부모를 효로써 모시고 조상을 제사 지내는, 이른바 '신종추원(愼終追遠)'은 유학의 성격을 대변한다. 따라서 죽고 나서 제사를 치러줄 자손이 없다는 것은 매우 불행한 일이었다. 유학적 관점에 따르면 무사귀신들은 후손이 끊겨 의지할 곳이 없다 보니 한이 맺혀 떠돌아다니면서 백성에게 화를 일으킨다.

권근은 무사귀신을 달래주는 제사를 민간 신앙의 영역이 아니라 이제 국가 차원의 돌봄 영역으로 포함시킬 것을 주장한 것이다. 이들이 인간에게 일으키는 전염병은 개인뿐만 아니라 가족 공동체를 붕괴시키고 유이민(流移民)을 발생시키며 결국 국가 운영에 막대한 영향을 끼치기 때문이었다. 국가는 사각지대에 해당하는 이들을 적극적으로 돌봄으로써 백성의 불안함과 두려움을 달래주고 안정적인 분위기를 조성해야 할 역할을 해야 했다. 여제를 통해 국가가 가족을 대신해서 불쌍한 이들에게 제사를 지내줌으로써 이들을 위로하고 편히 안착시키고자 했다. 여제는 부정적인 기운을 국왕의 구휼에 의한 인정(仁政)으로 제거하는 것으로, 태종 대부터 유교적 인의정치에 근거하여 거행하는 의례로 정착되었다(이욱, 2009: 332~342). 권근은 여제의 체제 확립을 통해 권력이 공공을 위해 행사되어야 한다는 유교 이념을 실현하고자 했다.

유학에서 인(仁)은 '다른 사람에 대한 사랑(愛人)'을 의미하면서 효(孝), 충(忠), 애(愛), 친(親), 신(信) 등의 다양한 가치들을 포섭하는 개념 또는 원리이다(안외순, 2021: 93). '자기가 하고 싶으면 남도 하게 하고, 자기가 하기 싫으면 남에게도 하지 않는(『논어』, 「옹야」, 己欲立而立人 己欲達而達人)' 것처럼 다른 사람의 감정과 욕구에 공감하고 배려하는 것이다. 다른 사람과의 올바른 관계를 의식하며 살아야 하는 까닭은 인간은 홀로 살아갈 수 없기 때문이다. '인'은 함께 더불어 살아가기 위해 필요한 덕이나, 이 덕은 본래 인간이라면 내면에 주어진 성품이라 할 수 있다. 유학의 공부는 외물에 흐려진 본래의 선한 마음을 되찾아 덕을 발현하고자 하는 노력을 뜻한다. '인정'은 '인'의 마음을 정치에 적용시킨 것으로 왕도정치(王道政治) 또는 인의(仁義)의 정치라고도 한다. 인정의 정치에 따르면 제대로 된 통치자라면 백성의 감정과 욕구에 공감하고 함께 즐거움을 누릴 수 있어야 한다. 군주는 백성의 생활을 편안하게 해주고 교화를 실시해 그들이 인간다운 생활을 할 수 있도록 늘 민심을 챙길 수 있어야 한다. 민심의 동의가 있어야지 군주의 통치가 정당화될 수 있기 때문이다. 이와 반대로 군주가 백성을 사랑하지 않고 일방적인 방식, 즉 무력으로 백성을 강제하는 정치는 패도정치(覇道政治)라 하였다. 조선왕조는 사회 운영의 원리로 유학을 수용함으로써 '인정'을 왕권을 정당화하는 근거로 여겼다.

여제의 등장과 실행이 의미하는 바는 무엇일까? 이미 이전부터 역병의 원인을 귀신으로 여기며 이들을 달래는 무속 신앙이나 불교적 의식이 있었다(이욱, 2000: 151). 조선시대에도 민간의 백성들은 여전히 역병의 원인을 귀신 탓으로 여겼다(『중종실록』 1525년(중종 20년) 2월 14일). 유학을 국가 운영의 통치이념으로 삼은 조선사회에서는 이러한 방식을 이단으로 여겨 공식적으로는 비판할 수밖에 없었다. 그러나 역병으로 삶이 초토화된 민간 백성들은 무속 신앙이나 불교적 의식이라도 상관없이 매달릴 수밖에 없었을 것이다. 사대부들 또한 예외는 아니었다. 대중에 만연한 심리적 공포가 강했기 때문이다. 역병의 공포와 두려움으로 일상이 무너진 이들에게는 달리 선택의 여지가 없었을 것이다. 그렇게 해서 민의 마음이 안정되고 편안해질 수 있다면, 국가는 이를 외면할 수 없게 된다. 그렇다면 민심을 달래주면서도 유학적 명분에 어긋나지 않는 방식을 요청할 수밖에 없다.

여제는 인간의 영역을 초월하는 절대적인 신에게 무사귀신을 부탁하여 문제를 해결하는 미신의 방식이 아니었다. 국가라는 엄연한 공적 주체가 제사를 받지 못하고 죽은 백성들을 불쌍히 여기고 이들의 마음을 헤아리는, 일종의 정치적 행위였다. 백성을 위로하고 마음을 안정시키는 일은 응당 어진 정치를 베풀어야 하는 국왕의 의무였다. 유교 사회에서 치자(治者)는 역병이 유행할 때 세금을 비롯한 각종 역(役)을 감면해 백성들의 고통을 덜어주는 것처럼, 백성들의 심리적·정서적 고통도 달래줄 필요가 있었기 때문이다. 백성을 국가 존재의 이유이자 근거로 바라보는 진정성 있는 정치라면, 형식과 명분에만 집착하여 골든타임을 놓칠 것이 아니라 제도와 정책을 변통해서라도 적극 백성을 돌볼 수 있어야 함을 의미한다. 여제는 국가가 낮은 자세로 백성들의 마음에 귀 기울일 수 있어야 함을 상징하는 의식이었다. 지도자가 행사하는 권력은 백성을 사랑하고 살리는 일, 즉 공감과 호혜 정신의 구현으로 정당성을 획득할 수 있음을 시사한다.

2. 이언적, 군주의 성학(聖學)으로 하늘을 감응시켜라

중국 한대의 사상가인 동중서(董仲舒)는 유학에 음양가(陰陽家)의 이론을 결합해 '천인감응(天人感應)'이라는 독특한 사상을 제시하였다. 동중서는 하늘과 사람은 동일하여 서로 감응하는 관계라 인간의 행위가 잘못되면 하늘이 재해를 내려 꾸짖어 알려준다고 주장하였다. 인간은 하늘이 보내는 경고를 겸허하게 수용하여 근신해야 한다. 이러한 관점에서 재이(災異)는 하늘이 보내는 견책에 해당했다. 동중서에 따르면 역병을 포함하여 인간사의 재앙은 인간, 특히 왕의 잘못된 정치로 인하여 발생한다고 볼 수 있었다. 이후 천인감응설과 재이론은 군주의 전제정치를 견제하고 덕치를 행하기 위한 수양 공부를 요구하는 정치적 수단으로 활용되었다. 이러한 인식이 조선사회에 공고히 정착된 까닭은 과학적 지식에 대한 인식의 정도가 낮았기 때문이 아니라, 덕치(德治)를 추구하는 유학자의 정치적 신념이 반영된 결과였다(허남진, 박성규, 2001: 191).

　　요즈음 하늘이 반복해서 간절히 경계하는 것으로 살피건대, 인사(人事)에 반드시 하늘을 감동시켜 그런 경계를 내리게 한 것이 있을 것이고, 또한 하늘이 전하를 사랑하시어 반드시 깨닫고 고쳐서 온전하게 하려는 것을 볼 수 있습니다. 신이 삼가 스스로를 헤아리지 못하고 감히 만 번 죽을 죄를 무릅씁니다. 삼가 바라건대, 전하께서는 궁중에서 한가한 때에 마음을 비우고 생각을 고요히 하여 이 몇 가지로 마음에 헤아려 보고 일에서 헤아려 보아 통렬히 스스로를 반성하여 그 유무를 살피고 실상을 살펴보십시오. 그렇게 하시면 반드시 척연히 깨닫고 측연히 감동하여 일의 시비와 정치의 득실과 사람의 사정과 성위에 대해 그 실상을 모두 알 수 있을 것입니다(『갈암집』 권3, 「계해년에 교지에 응하여 올린 소」).[3]

3　　본서에 등장하는 개인 문집의 출처는 한국고전번역원 한국고전종합 DB (https://db.itkc.or.kr)에서 인용하였다.

위의 상소는 조선 중기의 유학자인 갈암 이현일(李玄逸, 1627~1704)이 숙종이 내린 교서에 응하여 답한 것이다. 이현일의 본관은 재령(載寧), 자는 익승(翼昇)으로 영남지방을 대표하는 학자이다. 이현일은 전형적인 재이설에 근거하여 군주의 근신한 자세를 요구하였다. 하늘이 재이를 내리는 까닭은 군주로 하여금 잘못을 깨우쳐 반성하게끔 하는 데 있었다. 한편으로 하늘의 견책은 일종의 '사랑의 매'로, 하늘이 군주를 사랑하기 때문이기도 했다. 군주가 하늘의 견책을 수용하여 재이를 극복하게 된다면 군주의 위상이 온전해져 백성을 통치하는 일의 정당성을 강화할 기회가 되기 때문이다. 유학자들은 군주의 태도에 따라 정국을 안정적으로 통치할 수 있다고 여겼다. 이현일 또한 왕 스스로 기강이 느슨해진 것을 반성하여 부덕함을 채울 수 있는 대책을 적극적으로 찾아나서기를 촉구하였다. 그렇다면 구체적으로 임금이 보여야 할 노력은 어떤 것이 있는가? 조선 전기의 유학자인 회재 이언적(李彦迪, 1491~1553)이 중종에게 올린 소(疏)에는 그 당시 유학자들이 견지한 군주 성학(聖學)론의 요지가 담겨 있다.

주나라 문왕은 오랫동안 재위하면서 상제(上帝)를 밝게 섬기고 아침부터 해가 중천에 뜨고 다시 기울 때까지 밥 먹을 겨를도 없이 정사를 살펴 만백성을 모두 화평하게 하였습니다. …… 위나라 무공은 95세가 되어서도 나라 안 사람들에게 명을 내려 자신의 잘못을 바로잡는 말을 하도록 하고, 억(抑) 시를 지어 스스로를 경계하였습니다. 그 시에 "네가 집안에 있는 때를 보면, 방구석에도 부끄럽지 않게 할지어다. '드러나지 않아서 나를 볼 사람이 없다.'라고 하지 말라. 신명이 이르는 것은, 헤아릴 수 없는데, 더구나 싫어할 수 있겠는가."라고 하였으니, 이는 임금이 조정에서 신하들을 대할 때만 삼갈 것이 아니라 깊숙한 궁궐 안에서도 감히 함부로 하지 않고 신명을 대하듯이 몸가짐을 엄숙히 해야 한다는 것입니다.

이러한 사례를 통해 옛날의 성제와 명군은 하늘을 본받아 정성을 다하며 주경 근독하여 시종 한결같이 하고 잠시도 간단함이 없었음을 알 수 있습니다. 그러므로 내 다스림이 이미 높은 경지에 이르렀다고 안일하지 않고, 내 덕이 이미 훌륭하다고 자만하지 않으며, 내 나이가 이미 많다고 나태하지도 않아, 보지 못하고 듣지 못하는 일에도 항상 경계하고 두려워함으로써 소리도 없고 냄새도 없는 경지에 밝게 이르렀던 것입니다. 이것이 하늘과 땅이 감응하여 상서가 함께 이르며 귀신과 사람이 화합하여 천재지변이 일어나지 않은 까닭이니, 바로 "자신에게 있는 하늘을 구함에 하늘이 어기지 못한다."라는 것입니다(『회재집』 권7, 「일강십목소(一綱十目疏)」).

이언적의 본관은 여주 이씨, 자는 복고(復古)로 영남학파의 근간이 되는 철학적 사유를 확립하였다. 문묘와 종묘에 모두 이름을 올린 만큼, 정치·학문적으로 명망이 높았다. 1539년(중종 34년) 10월 이언적이 올린 소에는 당시 잦은 재이가 발생하는 까닭으로 하늘이 군주를 사랑하여 분명하게 경고를 주기 때문이라는 천인감응에 따른 재이설이 담겨 있었다. 중국의 역대 어진 군주로 평가받는 주나라 문왕과 위나라 문공의 사례를 언급하면서 군주가 마음을 항상 경계하고 두려워하는 노력을 주지시키고 있다. 이언적은 이어 지금의 재이는 임금의 노력이 부족한 탓이라고 일갈하였다. 군주가 성인(聖人)이라는 유학의 이상적 인간이 되도록 적극 노력할 때 하늘과 땅이 감응하여 역병과 같은 재이가 발생하지 않는다는 논리는 다름 아닌 군주가 권력을 남용하지 않고 낮은 자세로 통치할 것을 요구한다. 이를 군주 성학(聖學)이라 칭한다.

생각건대 옛날 성인들이 왕위에 있을 때는 하늘을 본받아 정치를 하였으므로 마음속이 광명정대하여 순수하게 천리의 공평무사함으로 가득 차고 인욕에 끌리는 바가 없었습니다. 그러므로 은미한 일로부터 드러난 일까지, 안으로부터 밖에 이르기까지 하나같이 사욕과 사심에 가려짐이 없어, 위에서는 기강이 서고 아래에서는 교화가 밝았으며, 법을 세우면 침탈하여 어지럽히는 병통이 없고, 명령을 내면 사사로움에 치우치는 잘못이 없었습니다. 어진 이를 등용하고 바르지 못한 사람을 퇴출하는 것이 참으로 사람들의 뜻에 부합하고, 선한 사람을 상 주고 악한 사람을 벌하는 것을 모두 공의(公議)에 따라, 털끝만 한 사사로운 뜻도 감히 그 사이에 개입하는 일이 없었습니다. …… 이를 통해서 임금이 심술(心術)을 바르게 하지 않아서는 안 된다는 것을 알 수 있는데, 심술을 바르게 하는 요지는 또 반드시 학문을 통해서 얻어지는 것입니다(『회재집』 권7, 「일강십목소(一綱十目疏)」).

이어 이언적은 마음을 다스리는 학문으로 얻게 되는 심술(心術)에 따라 재이가 발생한다며, 군주가 사사로운 욕심과 의견에 휩쓸려 본래 마음을 잃지 않도록 노력해야 한다고 주장하였다. 군주의 마음이 바르지 않으면 만사가 어그러지게 되고, 만사가 어그러지게 되면 인심(人心)이 어긋나게 되어 이것이 곧 포악한 기운이 생기는 원인이 되는 것이다(경석현, 2013: 64). 이언적은 군주의 마음이 순수한 하늘과 일치해야 기강이 바로 세워지고 교화가 밝아지는데도 사심과 사욕으로 마음이 흐려져 결국 하늘의 경고를 받게 되었다고 보았다. 그렇다면 군주가 마음을 다스리기 위해 어떠한 노력이 필요할까? 다시 이언적의 상소를 살펴보자.

제왕의 학문은 궁리(窮理)와 정심(正心)이 있을 뿐입니다. 이치를 연구하고 마음을 바르게 하면 저절로 몸을 닦고 집안을 바르게 하여 나라와 천하에까지 미칠 수 있습니다.

…… 이른바 "종일토록 부지런히 힘쓰고 저녁에도 두려워한다."라는 것은 항상 경외하는 마음으로 스스로 노력하여 쉬지 않는 것입니다. 스스로 노력하고 쉬지 않아서 쉼이 없는 데까지 이르면 하늘의 덕에 부합하는 것입니다. 군주의 덕이 하늘에 부합하고 군주의 마음이 하늘과 같은데도 하늘이 기뻐하지 않고 재변이 소멸되지 않는 이치는 없습니다(『회재집』 권7, 「일강십목소(一綱十目疏)」).

이언적이 제안한 군주 성학의 요점은 다음과 같았다. 군주의 마음에 통치의 모든 것이 달려있기 때문에 군주 스스로 마음을 바르게 갖추어야 한다. 군주가 인격의 수양을 통해 덕으로 나라를 다스리는, 이른바 내성외왕(內聖外王)은 군주의 주체적 자각과 역량에 달려있기 때문이다. 그렇다면 어떻게 해야 사사로운 마음을 이겨내어 마음의 병통을 없앨 수 있을까? 군주는 반드시 '경(敬)'으로 쉼 없이 마음을 경계해야 한다. 유학에서 '경'은 궁극적 진리인 도(道)를 추구하고자 뜻(志)을 성실히 하고 마음을 바르게 하기 위한 수양법이다(이창일 외 2014: 32). 또한 현명한 신하들과 경연을 열어 경서를 토론하고 국가의 중대사를 논해야 한다. 경연은 군주가 자신의 권력을 남용하는 것을 막고 학문과 덕이 높은 신하들과 유교 경전을 논함으로써 부덕함을 바로잡는 장치였다. 이언적은 중단 없이 공부에 전념한다면 군주의 덕과 마음이 하늘과 일치하여 하늘을 기쁘게 해 마침내 재이가 해소되기에, 군주 성학의 중요성을 강조했다. 임금의 부덕과 재이를 연결시킴으로써 덕치의 완성을 촉구하는 군주성학론의 입장은 위정자의 엄격한 자기수양의 노력을 부각시켰다. 비록 민간에서는 역병의 원인을 귀신의 탓으로 여길지라도 유교적 치자는 반드시 자신의 부덕함으로생긴 소치임을 인식하고 기존의 정치를 되돌아볼 수 있어야 했다.

조선사회에서 역병이 유행하면 깊숙한 궁궐에 기거했던 왕들은 제일 먼저 "허물은 나에게 있는데 재앙이 왜 백성에게 생겼는가?"라며 자신의 행동을 되돌아보았다. 또한 백성을 제대로 돌보지 못했음을 인정하고 재이 발생의 책임을 자신에게 돌렸다. 유교적 학문과 정치 테두리에서 역질의 발생은 군주의 부덕함이 만들어낸 결과라 여겼다. 왕뿐만이 아니었다. 수기(修己)와 치인(治人)이라는 과제가 주어진 유교 지식인이라면 변명을 앞세워 제 살길을 찾는 것이 아니라, 사회 혼란의 책임을 먼저 자신에게 돌릴수 있어야 했다. 그러니 1525년(중종 20년), 평안도 전 지역에 여역이 발생해 수많은 사망자가 발생하자 "무릇 여역이 생김은 모두하늘이 경계를 보이는 것이니, 조정이 모름지기 사람의 도리를 다하여 응답"해야 한다며 왕과 지방 수령을 비롯한 통치자의 반성과 폐단의 개선을 요구하는 목소리가 나올 수 있었던 것이다.(『중종실록』 1525년(중종 20년) 2월 14일)

역병을 재이론의 관점으로 해석하는 방식은 비합리적인 대응으로만 볼 수 없다. 사회 지도층의 자기 반성과 쇄신을 검찰하는장치로 작용했기 때문이다. 재이론은 지나치면 군왕과 신하 간의 정치적 대립 또는 정쟁의 구실로 작용한다는 한계도 있지만, 본질적으로 사회적 재난 상황에서 무엇보다 지배층에게 성찰과 수양을 촉구한다. 현대인도 이상기후나 전염병에서 자유롭지 못하다. 과거보다 훨씬 전염병에 대한 과학적 지식이 축적되었음에도 전염병은 여전히 두려움과 불안의 대상이다. 지난 팬데믹 상황에서 과학적 지식만큼 성숙한 정치의 중요성도 확인할 수 있었다. 서로 비방하고 이해득실만 계산하느라 정작 개선에는 힘쓰지 않는 정치가 아니라 먼저 성찰과 쇄신을 실천하는 성숙한 정치가 요청된다.

3. 이익, 무식(無識)한 태도는 어리석을 뿐

성호 이익(李瀷, 1681~1763)은 조선 후기 실학자이다. 본관은 여주 이씨, 자는 자신(自新)이다. 이익은 성호학파라고 불리는 한 분야를 조성할 만큼 18세기를 대표하는 대학자였다. 이익은 평소 본인의 공부뿐만 아니라 제자들을 교육할 때에도 정형화된 관습을 뛰어넘는 방식을 강조하기로 유명했다. 이익은 무비판적으로 받아들이는 고정관념이나 관습, 생각들을 꼼꼼한 관찰과 철저한 고증을 근거로 검토하고 분석하였다. 그 결과 사람들이 당연하다고 여겨왔던 진리와 지식을 비판하고 오류를 고쳐 더 나은 사유로 발전시킬 수 있었다. 『성호사설(星湖僿說)』은 이익의 후학들이 스승이 주변 사물을 직접 관찰하거나 검증하여 얻은 방대한 정보들을 편찬한 책이다.

이익의 접근 방식은 어떤 점에서 새로웠을까? 이익은 자신의 주변을 둘러싼 일상 생활의 대부분의 소재를 분석의 대상으로 삼았다. 이익은 책 속의 글귀를 회의하지 않고 그대로 암기하는 공부를 거부하였다. 정말로 그러한지를 의심하고 질문하며 의문에 답하는 방식을 중요하게 여겼다. 이 중 생물 분야만을 놓고 이야기해보기로 하자. 전통적으로 생물과 관련한 지식은 고전문헌과 일화를 '참'으로 인정하고 그에 바탕하여 현실의 문제에 유비시키는 것이 지배적이었다(심경호, 2020: 149). 하지만 이익은 무비판적으로 전통의 권위를 수용하여 지식을 활용하기에 앞서, 관찰과 고증을 통해 지식을 보다 명료하게 확인시켰다. 예를 들면 이런 식이었다.

세상에서 까마귀를 반포조(反哺鳥)라고 이야기들 한다. 나는 일찍이 징험해 보니, 까치와 참새도 또한 이와 같은 것이 있으나 다만 많이 보지는 못했다. 추측컨대, 까마귀도 반드시 일일이 다 그렇지는 않을 것이고 혹간 타고난 효성에 따라 반포하게 되었을 뿐일 것이다(『성호사설』 권5, 「금수부지부(禽獸不知父)」).

이익은 부모에 대한 효성심을 강조할 때 인용하는 반포지효(反哺之孝)에 전제된 까마귀에 대한 세상 사람들의 통념을 지적하였다. 반표지효는 까마귀 새끼가 자란 뒤에 늙은 어미에게 먹이를 물어다 주는 효성으로 어버이 은혜에 대한 지극한 효도를 의미한다. 이처럼 까마귀는 학, 말 등과 함께 유교적 윤리를 구현하는 동물로 자주 등장한다(김유미, 2021: 125). 이익은 까마귀에 담긴 윤리적 인식을 완전히 부정하지는 않지만, 특정 동물에게만 속하는 특성이 아니라고 보았다. 그가 이런 결론에 이르게 된 연유는 직접 관찰을 통해 사유한 덕분이었다. 이익은 까마귀의 행동을 지나치지 않고 관찰하였다. 그 결과 어미에게 먹이를 가져다주는 행동은 까마귀만 그런 것도 아니고, 또 까마귀라고 해서 다 그런 것도 아니라는 추론을 이끌어냈다. 이익은 "내가 징험해 본 바로는", "내가 일찍이 경험해보니" 등으로 직접 눈으로 보고 겪어본 경험에 토대를 바탕으로 지식을 새롭게 재구성함으로써 지식의 참과 거짓, 불명확함을 검토하였다. 이런 식의 접근은 역질의 원인을 이해하고 대처하는 방식에도 적용되었다.

> 이천의 『의학입문』에 이르기를, "천연두란 역질은 주나라 말엽, 진 나라 초기에 비롯되었다."하였다. 이는 어디에 상고한 말인지 알 수 없으나 이 천연두란 역질이 생긴 지는 매우 오래지 않은 것이다. 대개 사람이 태어난 기질은 옛날도 지금과 같았을 것인데, 어째서 옛날에는 없고 후세에 와서 있게 되었을까!
>
> 사조제는 이르기를, "오랑캐 지역에도 두역(痘疫)이 있는데 연조를 따지면 중국보다는 훨씬 나중이다. 이러므로

어떤 이는, '그들이 소금을 먹기 때문에 이 두역을 앓는 듯하다.'고 하기도 한다. 왜냐하면 옛날에는 오랑캐들이 다만 간장과 우유만 먹다가 나중에 중국과 교통하게 되자, 소금을 들여다 먹은 후부터 이 두역이 있게 되었다는 까닭이다."고 하였다. …… 요즈음 와서는 또 홍진(紅疹)이란 역질이 있는데 이는 널리 퍼진 지가 아직 백 년이 차지 않는다. 풍토와 기후가 시대에 따라 변함은 자연의 이치인 것인데 뭐 괴상하게 여길 것이 있겠는가? 무릇 역질 따위에는 모두 귀신이 있어서 여역·두역·진역의 모든 귀신들이 뭐를 아는 듯이 서로 전염시키고 있다. 길을 가다가 우연히 만나는 자에게는 반드시 전염시키지 못하지만, 아주 가깝게 통해 다니는 친척과 동네 사람에게 번갈아 가면서 전염되도록 한다. 대개 이 귀신의 행동도 사람과 서로 비슷하기 때문에 어리석은 백성은 귀신에게 이리저리 빌기를 잘 한다. 이는 무식한 짓이니 말할 것도 없고 다만 자신을 삼가서 귀신을 피하는 것만이 필요할 것이다(『성호사설』 권6, 「역귀(疫鬼)」).

이익은 민간에서의 이해 방식, 즉 역질의 원인이 귀신에 있다는 생각을 부정하지 않고 있다. 여기에는 당대 관찰 도구와 지식의 한계의 영향이 크다. 그러나 무턱대고 두려워할 것도 없다고 단언한다. 이익이 그렇게 확신하는 까닭은 철저한 문헌의 고증과 경험에서 비롯된 지식이 있었기 때문이었다. 가령 이익은 옛 책을 살펴보니 역질이라는 것이 옛날부터 고정적으로 존재하는 것이 아니라, 환경이 바뀜에 따라 자연스럽게 변하는 것임을 알 수 있었다. 풍토와 기후가 달라지면 역질도 그에 따라 없어지기도 하거나 생기기도 한다는 것이다. 이익이 고증해낸 사실은 중요한 의미를 지닌다. 역질의 발생과 소멸이 초자연적 영역이 아니라 자연법칙의 하나에 해당함을 이해한 것이다.

더 나아가 역질은 사람들이 접촉하면서 발생하는 것이니, 접촉을 최대한 자제한다면 전염을 막을 수 있다고 주장한다. 길을 가다 우연히 얼굴을 봤다고 해서 걸리는 것이 아니라, 밀집한 공간에서 밀접하게 접촉할 때 걸리는 것으로 보았다. 오늘날로 치면 밀접접촉자가 전염될 확률이 높은 것처럼 말이다. 그러니 이익은 민간에서 역질 귀신에게 살려달라고 빌면서 기도하는 것은 전혀 도움이 안되는 무식한 방법이라고 비판하였다. 오히려 기도한다고 모여 있다가 전염병에 걸릴 확률만 생기는 위험한 방식인 것이다. 이익은 역질이란 게 초자연적 현상이 아닌, 자연의 이치에 따라 발생하는 것이니, 이에 맞추어 각자가 조심하고 피하는 노력에 따라 얼마든지 역질에 대처할 수 있음을 강조하였다. 이익은 역질에 대한 무지함이 공포와 미신을 불러 일으킨다고 여겼다. 이익의 합리적 태도는 비단 역질에 제한된 것이 아니었다. 이익의 실증적 태도는 그가 이제껏 해온 공부, 즉 자신의 삶을 관통하는 사상에서 비롯되었다. 조선 후기로 가면 역병의 경험이 누적되면서 나름 합리적인 처신을 할 수 있었다.

역병의 시대, 조선 지식인의 삶과 공부

천명(天命)이 있고 성명(星命)이 있으며 조명(造命)이 있다. …… 조명이란 시세를 만나 인력(人力)이 참여되는 것이다. 이장원 이른바 "임금과 재상이 운명을 만든다."는 것이 이것이다. 만약 오로지 천명만을 말한다면 착한 일도 상줄 것이 없고 악한 일도 벌줄 것이 없는 것이다. 홀로 임금과 재상만이 운명을 만드는 것이 아니요 사서인(士庶人)도 또한 그러하니, 부지런히 일에 종사하여 가족을 이끌어 나가는 것과 기회를 알고 흉한 일을 피하는 등속은 모두 족히 앙화에서 모면하여 행복한 길로 인도할 수 있는 것이다. 말세의 일을 묵묵히 살펴보건대, 이 노선이 많은 부분을 차지하고 있는 것이니, 귀천의 한 가지 일로서도 족히 엿볼 수 있다 (『성호사설』 권3, 「조명(造命)」).

이익 또한 유학자답게 하늘의 명(天命)에 순응하는 전통적 인식을 따르지만, 그렇다고 결정론 또는 운명론을 주장하지는 않았다. 인간사 모든 일이 하늘의 명에 따른 것이라면 더 이상 인간이 노력할 일이 없게 되기 때문이다. 이런 연유로 '조명(造命)'을 강조하였다. 이익에 따르면 '조명'은 하늘의 뜻만을 가만히 앉아 기다리는 것이 아니라 원인을 분석하고 대안을 마련하는 등 의도적으로 뭔가를 하는 것이다. 그렇다면 '조명'은 자신에게 주어진 상황 속에서 최선을 다해 일에 대처하는 것이다.

이익은 더 나아가 임금만이 하늘의 명을 견고의 뜻으로 여겨 반성하고 쇄신할 것이 아니라, 재상과 신분이 낮은 이들을 포함하여 각자가 제 선에서 부지런히 노력함으로써 조심하고 복을 구할 수 있다고 여겼다. 앞서의 생각과 결부시켜 종합하자면, 이익은 역질이 환경에 따라 어쩔 수 없이 생기는 것이나(天命), 인간의 노력에 따라 조심하고 대처한다면(造命) 얼마든지 피하고 복을 누릴 수 있다고 보았다. 게다가 자신이 지나온 삶의 경험을 보건대, 조명의 영역이 많은 부분을 차지한다는 말을 잊지 않았다. 역질의 본성을 이해하고 그에 따라 지식을 갖춰 피하면 두려울 게 없다고 여긴 것이다. 이익의 이러한 태도는 본인의 역질 경험도 한 몫했다. 이익은 역질에 걸려 고생하기도 하고, 역질로 가족을 잃는 아픔을 겪기도 했다. 오랫동안 역질로 고생하면서 가세가 급격하게 기울어졌다. 하지만 역질과 관련한 처절한 경험은 이익을 심리적으로 굴복시키보다 오히려 앞으로 어떻게 살아가야할 것인가에 대한 끈질긴 고민을 하게 했다. 천명을 바꿀 수는 없지만 조명에 의해 노력할 부분이 상당하다고 여겼기 때문이다. 이 과정에서 역설적으로 역질에 대한 두려움을 덜어낼 수 있었다. 매해 지나온 삶을 곱씹어 본 결과 얻은 통찰이었다.

조선시대에 이익의 이러한 입장은 이미 전염병에 대한 경험이 누적되면서 자연스럽게 공유될 수 있었다. 이는 유학이 궁리(窮理)를 통해 만물의 보편적 원칙을 탐색하며 수양을 통해 백성의 편안함을 목표로 하는 현세적 공부였기 때문이다. 유학자들은 사람들이 모여 있으면 역기(疫氣)가 서로 전염되어 더 많은 사망자가 나온다고 보았다. 이에 감염된 자와 감염되지 않은 자를 구분하여 따로 거처하게 하여 전염되지 않도록 하였다(『세종실록』 1437년(세종 19년) 3월 8일). 또한 한 번 전염되어 살아남으면 일종의 면역이 생긴다는 사실을 이해할 수 있었다. 그에 따라 아직 걸리지 않은 자를 '생신(生身)', 걸려서 면역이 생긴 자는 '숙신(熟身)'으로 구분하기도 했다. 역질로 수천 명이 죽어가는 절망스러운 상황에서 자연스럽게 미신적 신앙에 의존하기도 했지만, 시간이 지날수록 역질의 성격을 파악하고 나름의 방식으로 대처하는 합리적 태도를 공유하기도 했다. 이는 역질의 임상을 관찰하여 예방하고 처방하는 의학의 발전으로 이어졌다.

조선의 역대 임금들은 역질에 걸린 백성을 구휼하기 위한 의료 체계와 의학 지식에 관심을 가질 수밖에 없었다. 대표적으로 세종은 역병에 걸린 백성을 치료하는 일을 수령의 임무로 강조하였다(『세종실록』 1434년(세종 16년) 6월 5일). 세종은 『육전』에 역병을 치료하는 방법이 제시되어 있는데도 수령이 여기에 마음이 없으니 제대로 방법을 익히지도 않고 시행하지 않아 문제라고 인식하였다. 또한 백성들이 역병을 치료할 수 있도록 민간의술을 홍보하였다.

성혜방(聖惠方)은, 시기(時氣)와 열독(熱毒)을 서로 감염하지 못하게 하는 것이다. 방문으로는 발효시킨 콩 1되, 흙, 어린 아이 오줌을 서로 섞어서 달이고, 1중잔 반을 취하여 찌

꺼기를 버리고 세 번에 나누어서 먹되, 아침마다 한 번씩 복용토록 하여 사람으로 하여금 유행성 열병에 걸리지 않게 한다. 또 시기장역 욕탕방(時氣瘴疫浴湯方)은, 복숭아나무 지엽 10냥, 백지 3냥, 백엽 5냥을 골고루 찧고 체로 쳐 내어 산(散)을 만들고는, 매양 3냥을 가져다가 탕을 끓여 목욕을 하면 극히 좋다. 또 시기장역방(時氣瘴疫方)은, 복숭아나무 속에 있는 벌레똥을 가루로 곱게 갈아 한 돈쭝을 물에 타서 먹는다. 또 방문으로는 초시 1되, 화출(和朮) 1근을 술에 담가 두고 항상 마신다. 천금방치온병불상염방(千金方治溫病不相染方)은, 새 베로 만든 자루에 붉은 팥 1되를 담아 우물 안에 넣었다가 3일만에 꺼내어, 온 식구가 27알씩 복용한다. 또 방문으로는 솔잎 가루를 술에 타서 방촌시로 하루 세 번씩 복용한다. 또 방문으로는 새 베로 만든 자루에 콩 1되를 담아 우물 속에 넣어 한 잠을 재우고 꺼내어서 7알씩 복용한다. 또 방문으로는 한때 돌아가는 역병에는 항상 매달 보름날 동쪽으로 뻗은 복숭아 나무 가지를 잘게 썰어 넣고 물을 끓여 목욕한다. 경험양방(經驗良方)으로 상한역려에 한 자리에 거처하여도 서로 감염되지 않는 방문은, 매일 이른 아침에 세수하고 참기름을 코 안에 바르고, 누울 때에도 바른다. 창졸간이라 약이 없으면, 곧 종이 심지를 말아서 콧구멍에 넣어 재채기를 하는 것이 좋다(『세종실록』 1434년(세종 16) 6월 5일).

세종은 민간에서 역병을 치료할 수 있는 방법을 적극 홍보하였다. 세종은 민간이 주위에서 구할 수 있는 재료를 이용하거나 백성이 직접 실천할 수 있는 방안에 중점을 두었다. 만약 약을 구할 수 없어 임시방편으로 대신 재채기를 하는 방식은 얼핏 비과학적으로 여겨질 수 있으나 세균을 인위적으로 밖으로 빼내어 몸 안에 침투하지 못하게 하기 위함이었을 것이다. 온 식구가 일정한 양의 약을 때에 맞추어 복용하게 하여 임시방편이나마 증상을 완화시키기 위함이었다. 이는 합리성을 추구하는 유교적 방식으로, 민간의 미신, 불교적 기도 등을 통한 불합리한 방식에 대한 대안이었다. 이러한 홍보 덕분에 이후 증상별로 어떤 약을 마련해야 하는지를 알게 되었다. 역질을 마냥 초월적인 영역으로 수용하기보다는, 조명이 더해진 재이론에 근거하여 이해한 결과, 알아서 피하거나 대처하면 피해를 줄일 수 있는 대상으로 여겨진 것이다. 그에 따라 『벽온방』, 『향약집성방』 등의 역병에 대한 대처법을 다룬 의학 서적이 적극적으로 간행되었다. 『쇄미록』, 『청대일기』 등 개인의 문집들을 보면 사대부들이 자신과 가족을 위해 약재와 의학을 공부하는 모습이 자연스럽다. 이제 사대부들은 수신(修身) 외에도 가족과 이웃을 지키고자 역병에 대비하여 기본적인 처방과 의학 상식 등을 평소 공부하고 익혀야 했다. 이를 보건대, 인간은 자연 앞에 미약한 존재임을 자각하는 순간, 역설적으로 강해진다. 겸손과 확신, 순응과 조명 사이 그 어느 지점에서 줄 타듯 살아가는 게 인간이다. 그러니 한 번씩 부딪히는 불가항력적인 상황에서도 또 살아갈 힘이 생기니, 불행 앞에서 지나치게 낙심한 나머지 포기해서는 안 될 일이다.

제2부

역병도 이겨내는 효심,
지극한 효의 실천

1. 정여창, 전염병도 막지 못한 효심

양반 고장을 지칭할 때 늘 '좌 안동, 우 함양'이란 수식어가 따를 만큼 경상남도 함양은 안동 못지 않게 선비의 고장으로 손꼽히는 곳이다. 함양을 대표하는 선비로 일두 정여창(鄭汝昌, 1450~1504)을 언급하지 않을 수 없다. 정여창의 본관은 하동(河東)이며, 자는 백욱(伯勖)이다. 함양에는 정여창의 고향 마을인 개평마을이 있어 이 곳에는 아직도 일두 고택이 남아 있다. 근처 화림동 계곡의 군자정(君子亭)은 정여창을 기리기 위해 후대에 지은 정자이다. 유독 정여창을 떠올리면 '함양'이라는 공간이 연관되는 까닭은 두 가지로 해석할 수 있다. 하나는 정여창이 당시에 썼던 대다수의 글이 남아 있지 않았기 때문이다. 대신 그가 생전에 활동했던 물리적 공간 그 자체가 문집을 대신할 수밖에 없었을 것이다. 다른 이유로는 정여창을 수식하는 '효자'가 바로 이 곳을 배경으로 비롯되었기 때문이다.

그림 1 함양 군자정

소재지: 경상남도 함양군 육십령로 2590(서하면)
출처: 문화재청 국가문화유산포털 https://www.heritage.go.k

 정여창의 문집이 학문적 명성에 비해 소략한 까닭은 사화로
인한 기억 지우기 때문이었다. 정여창은 말년에 무오사화에 연루
되면서 함경도 종성으로 유배되었으나 결국 그곳에서 생을 마쳤
다. 스승 점필재 김종직의 조의제문이 사초에 실리면서 김종직을
비롯해 김일손, 정여창, 김굉필 등이 죽거나 유배를 당했다. 제자
들이 그의 시신을 수습해 고향으로 돌아올 수 있었다. 갑자사화
때에는 부관참시를 당했다. 그가 남긴 문집은 거의 소각되어 그의
사상적 면모를 자세히 접근하기가 쉽지 않다. 말년은 참혹할 만큼
불우했으나 살아 생전 정여창의 덕행에 관한 이야기는 널리 회자
되었다. 정여창의 덕행은 그가 평생 추구했던 삶과 공부의 성격을

역병의 시대, 조선 지식인의 삶과 공부

드러낸다.

　정여창은 스스로를 '천지 간에 한 마리 좀벌레(一蠹)', 즉 '일두'라고 칭했으나(『일두집』 권1, 「박형백에게 답하다(答朴馨伯)」) 조선 전기 도학(道學)의 실천자로 알려져 있다. '도학'은 유학과 구분되는 별개의 학문이 아니라 유학의 실천적 측면을 강조하는 공부라 할 수 있다. 율곡 이이는 도학에 대하여 정의하기를 "도학이란 것은 격치(格致)로써 선을 밝히고, 성정(誠正)으로써 몸을 닦아 그 학문이 몸에 쌓이면 하늘의 덕이 되고 그것을 정사에 베풀면 왕도가 되는 것이니, 독서는 격치 중의 한 가지에 지나지 않는다. 독서만 하고 실천이 없으면 앵무새가 말 잘하는 것과 무엇이 다른가?"라고 하였다(『율곡전서』 권15, 「동호문답(東湖問答)」). 도학은 공부와 삶을 별개로 여기는 태도에서 벗어나 일상생활에서 유학의 원리를 온전히 실천하는 데 집중한다. 정여창의 고향 고택에 있는 사랑채에는 '충효절의(忠孝節義)'라는 글이 걸려 있는데 이 글귀는 정여창의 학문적 지향을 함축해서 보여준다.

　정여창의 학문적 스승은 이관직과 점필재 김종직이며 벗은 한훤당 김굉필이라는 점에서 『소학』과 『오경』 등을 중시하고 실천궁행(實踐躬行)의 도학을 지향하는 면모를 확인할 수 있을 것이다(성호준, 2016: 114). 정여창은 일상에서의 실천을 중시여기는 『소학』의 학문 정신을 바탕으로 도의를 철저히 실행했다. 문묘에 종사된 동국 18현 중 유일하게 효행으로 배향된 만큼, 효행의 모범으로 칭송받았다. 성종 임금이 정여창의 행실을 전해 듣고 그 자리에서 흐르는 눈물을 주체하지 못하면서 정여창을 즉시 천거하라고 명한 일화는 유명하다(『성종실록』 1490년(성종 21년) 7월 26일). 함양의 선비, 정여창의 효행을 극적으로 돋보이게 된 데에는 당시 역병의 유행과도 관련했다.

병오년에 정여창이 어미를 보려고 고향으로 돌아갔는데, 집에 이르자, 이미 집 안에 역병이 크게 일어 이웃과 왕래하지 못하고 있었습니다. 사람들이 모두 그에게 권하여 밖에 머물게 하였으나, 정여창이 듣지 아니하고 바로 들어가서 그 어미를 보았습니다. 그러나 얼마 되지 아니하여 어미가 병을 얻어 매우 위중해져서 먹지 못하니, 정여창도 먹지 않고 좌우로 붙든 채 밤에도 옷끈을 풀지 않았습니다. 그리고 10여 일 만에 그 어미가 죽자, 울면서 피를 토하고, 음식을 입에 넣지 아니하여 거의 병에 걸려 죽기 직전에 이르렀습니다.

대저 사람의 집에 역병이 발생하면 반드시 행동을 조심하여 모든 일을 폐지합니다. 그렇지 아니하면 온 집안이 화를 얻게 되는데, 정여창은 뜻대로 행하며 뒷일을 염려하여 꺼리는 바 없이 아침저녁으로 신위를 모시고 염습과 빈전을 한결같이 예법대로 하니, 마을에서 모두 그가 병에 전염될 것을 두려워하였습니다. 그러나 정여창이 일찍이 조금도 굽히지 아니하였는데, 한 달이 지나 장례를 치르고 집도 다시 평안해지니 비록 심하게 마르기는 했으나 몸에 병이 없으니, 향리에서 비로소 전염병도 효자는 해치지 못하는 것을 알았습니다.

날을 받아 장차 장례를 치르려고 하였으나, 비가 열흘 동안 계속 내려서 개울물이 불어 넘치니, 사람들이 장례를 치르지 못할 것을 근심하였는데, 하늘이 갑자기 개니 고을 사람이 더욱 이상하게 여겼습니다. 감사가 그 행실을 듣고는 고을로 하여금 곽관을 준비해 주게 하니, 정여창이 사양하고 받지 아니하며 말하기를, '백성을 번거롭게 하여 준비해 주는 것을 받으면 원망이 반드시 돌아가신 어머니에게 미칠 것입니다.'라고 하면서 곧 집의 재물을 내어 바꾸어서 썼습니다. 사람들이 무덤을 만드는 일을 도와 주려고 하였으나, 역시 도움을 받지 아니하고, 그 동생 정여유와 정여관과 더불어 그 집 종을 거느리고 일을 마치고 아비의 무덤을 옮겨서 무덤을 함께 하였습니다. 그리고 3년 동안 저장이 묘역을 떠나지 아니한 채 종일 꿇어앉아서 질대를 벗지 아니하고 아침 저녁으로 곡하며 전을 드리니, 보는 이가 눈물을 흘렸습니다(『성종실록』 1490년(성종 21년) 7월 26일).

앞의 이야기는 조효동이 조정에서 정여창을 추천하면서 소개한 발언의 일부이다. 성종 21년(1490년) 대궐 안에서 벼락에 사람이 맞은 사건이 발생했다. 성종은 이러한 재이를 하늘의 견책으로 이해하고 스스로를 반성하는 차원에서 신하들에게 조언을 구하였다. 그러자 조효동은 '충신은 반드시 효자에서 나온다'며 시골의 어진 선비를 발탁해 충언을 듣기를 권고하면서 정여창을 추천하였다. 이때 정여창은 과거에 합격했으나 홀로 남은 어머니를 챙기느라 고향에 머무는 중이었다.

정여창의 아버지 정육을은 함길도 병마우후로 재직하던 중 이시애의 반란을 토벌하다 전사했다. 당시 18세였던 정여창은 아버지의 전사 소식을 듣고 시신을 수습하기 위해 함양에서 길주로 집을 나선 지 한 달 만에 악취가 나는 시체들 속에서 아버지의 시신을 찾아와 고향에서 장례를 치를 수 있었다. 이후 정여창은 홀로 되신 어머니의 뜻을 따라 과거에 합격하고자 성균관에서 공부에 정진했다. 그러다 어머니를 뵈러 고향에 돌아갔지만 이미 고향은 역병의 유행으로 난리가 난 상황이었다. 역병이 크게 발생하면 대개 사람들은 왕래를 끊고 거리를 두며 근신할 수밖에 없는데 정여창은 주위의 반대에도 불구하고 홀로 있는 어머니를 생각하며 어머니 옆을 지켰다.

그러나 어머니가 전염병에 걸린 지 며칠 만에 상태가 매우 악화되었다. 정여창은 어머니 곁을 떠나지 않고 끼니도 거른 채 병간호를 했다. 정여창의 지극정성에도 불구하고 어머니는 끝내 돌아가셨다. 역병이 돌면 상례를 비롯한 예식이 간소해지거나 중단되었지만, 정여창은 정석대로 장례를 치르고 삼년상까지 행했다. 그러자 정여창의 한결같은 모습을 두고 마을에는 "전염병도 효자를 해치지 못한다"는 말이 나오게 되었다. 역병의 위협에도 상관없이 부모를 먼저 챙겼던 정여창은 이 일로 관직을 제수받았다. 그러나 정여창은 효자라 불릴 만큼 실제로 한 일이 없는데도 상을 받게 됐다며 벼슬을 철회해달라는 상소를 올렸다(『일두집』권1, 「참봉을 사양하는 소(辭參奉疏)」). 이에 성종은 "행실은 덮을 수 없는데도 이와 같이 사양하니, 이것이 그대의 훌륭함"이라며 윤허하지 않았다.

그가 이토록 역병을 두려워하지 않고 효심을 실천할 수 있었던 원동력은 어디에서 나왔을까? 정여창이 추구한 공부란 수기치인, 효제충신 등의 유학 덕목을 실천하는 것이었다. 특히 『소학』의 가르침을 말로만 떠드는 것이 아니라 일상에서 실천한 것이었다. 『소학』은 중국 남송의 주자(朱子, 1130~1200)에 의해 집대성한 성리학 입문서이다. 『소학』은 일상에서 구체적인 수행을 통해 자연스럽게 인의(仁義)의 덕성을 함양하게 했다. 조선은 건국 이후 『소학』을 보급하기 위해 노력했다. 중앙과 지방의 학교에 『소학』을 익히게 하고 과거 과목에 『소학』을 배정하여 이 책을 충분히 익혀야만 관료가 될 수 있도록 강제하면서 『소학』 문화가 확산되도록 하였다(정호훈, 2017: 40). 도학의 실천을 중요시 여긴 사림(士林)은 『소학』을 무척 중요시 여겼다. 『소학』은 어버이를 성심으로 효도하는 일에서 모든 공부가 출발한다고 가르친다. 어버이에 대한 지극한 정성에서 우러나오는 효행은 자신을 성찰하는 공부에서 시작하여 몸과 마음을 검속하는 일로 이어진다. 그러니 유학자들은 효행을 유학 공부의 근본으로 여겼다. 온갖 유혹과 사욕에도 흔들리지 않고 한결같은 효행을 실천하는 이는 결국 제대로 공부를 하고 있다고 말할 수 있다.

정여창의 태도는 현대인의 상식에서 보자면 분명 지나친 감이 있다. 부모와 자식 같은 천륜의 관계일수록 비합리적인 처신이 지나쳐 문제 되는 경우가 얼마나 많은가. 이 경우에도 제2의 정여창을 발굴하기 위해 막무가내식으로 수발을 들어야지만 효자·효녀라는 그릇된 신념을 강요할 수 있다. 그럼에도 정여창의 태도는 과하다고만 할 수 없다. 정여창은 가난, 역병, 죽음 등을 공부를 방해하는 조건이라 여기지 않고, 특별할 것이 없다는 태도를 취했다. 모든 환경이 완벽해질 때까지 기다린 후 효를 실천하기란 불가능하다는 것을 알고 있었다. 특히나 역병이 유행하게 되면 일상이 정상화될 때까지 생존 본능에 따라 각자 조심하게 된다. 그 과정에서 소위 사람 노릇 또한 중지될 수 있다.

기실 효도를 특별한 이벤트로 여기며 생색을 내는 모습은 오늘날에도 낯설지 않다. 시험에 합격하면, 취업만 되면, 결혼하고 나면, 자식을 다 키우고 나면 부모에게 효도하겠다고 결심하지만, 그일이 지나가도 효도는 요원하다. 이런 이들에게는 인생에서 가장 중요하다고 여기는 가치가 효도 외에 있는 게 분명하다. 효도는 한없이 가벼운 언어적 습관이자 일시적으로 마음의 안정을 가져다주는 심리적 장치에 불과할 뿐이다. 그에 비해 정여창은 '이런 저런 조건들을 다 따지면 언제 효를 실천할 수 있겠는가'라는 마음으로 자신이 해야 할 일이라면 미루지 않고 정성을 다했다. 효를 실천할 수 있는 완벽한 때와 시기란 없으니, 조건을 따지지 말고 효를 실천했다. 유학의 공부가 겉으로 보기에 쉬운 것 같아도 막상 해내기가 어려운 이유가 여기에 있다. 마음을 방해하는 사사로운 생각들이 실천을 방해하기 때문이다. 정여창은 남에게 보여주거나 이득을 취하고자 거짓으로 효를 행하는 것과 거리가 멀었다. 그가 한결같이 어버이를 대하는 모습에서 누구나 진정성을 느낄 수 있었다. 정여창에 대한 기억 지우기 역사에도 불구하고 그의 효행 이야기가 절멸되지 않고 칭송될 수 있었던 까닭이었다.

2. 오희문, 자잘하고 자잘한 유리(流離)하는 자의 노모 부양

오희문(吳希文, 1539~1613)은 조선 중기 선조 대를 살았던 사족(士族)이었다. 해주 오씨 13세인 오희문 본인의 이력은 자세히 알려진 바 없다. 당시의 평범한 지방 사족이었지만, 오희문은 조선 시대 생활사 연구 분야를 중심으로 특별한 주목을 받았다. 오희문이 성실하게 작성한 일기 덕분이었다. 『쇄미록(瑣尾錄)』은 오희문이 1591년(선조 24) 11월 27일부터 1601년(선조 34) 2월 27일까지 약 9년 3개월에 걸쳐 작성한 일기이다. 『난중일기』, 『징비록』과 함께 임진왜란의 참상을 세밀하게 보여준다고 평가받을 만큼, 일기에는 임진왜란을 겪는 동안 전례 없는 기근으로 인한 굶주림, 역병의 창궐, 지진 같은 천재지변을 경험한 사족들의 이야기가 기록되어 있다. 피란 당시 오희문은 아내 연안 이씨와 함께 네 아들과 세 딸의 부형 (父兄)이자, 위로는 노모를 부양하는 가장이었다. 평민 이하 계층보다는 훨씬 나은 조건이었을지 몰라도, 난리 상황에서 겪어야 했을 삶의 무게는 사족이라도 가볍지 않았을 것이다.

영남과 경기에서는 사람들이 서로 잡아먹는 일이 많은데, 심지어 육촌의 친척을 죽여서 먹기까지 했단다. 항상 불쌍하다고 여겼는데 지금 다시 듣자니, 한양 근처에서 전에는 1, 2되의 쌀을 가진 사람이라야 죽이고 빼앗더니 최근에는 혼자 가는 사람이 있으면 마치 산짐승처럼 거리낌 없이 따라 가서 죽여 잡아먹는다고 한다. 이러다가는 사람의 씨가 말라 버리겠다. 이뿐만이 아니다. 역병이 막 성행하여 곳곳이 전염되어 이 마을의 앞뒤 이웃집에도 앓아누운 자가 계속 나오고 죽은 사람 소식이 날마다 들린다. 이 어지러운 세상에 태어나서 이처럼 참혹하고 슬픈 변고를 내 눈으로 보게 되었다. 크게 탄식한들 어찌하겠는가. 앞으로 또 무슨 사변이 벌어질지 모르겠다(『쇄미록』, 갑오일록, 1594년 4월 3일).[1]

---

1   이하 『쇄미록』의 인용은 전주대학교 한국고전학연구소(2018)의 번역본을 참고하였다.

역병의 시대, 조선 지식인의 삶과 공부

임진왜란이 발생하기 전부터 선조 대만 하더라도 크고 작은 역병이 유행했었다. 평안감사가 도내에 역병으로 1만 여명이 죽었다며 사태의 심각함을 알리는 장계를 올리기도 했다. 역병은 궁궐이라고 안심할 수도 없었다. 1588년(선조 21년) 선조의 서자였던 의안군이 역질로 어린 나이에 사망하기도 했었다. 역질의 후유증이 갈수록 더해지는 상황에서 왜적이 쳐들어오자 민간의 백성들이 겪어야 할 고통은 말할 수 없을 정도였다. 역질과 기근, 적의 무자비한 침략에 손도 못 쓰는 상황에서 시체가 언덕을 이루고 있다는 시급한 장계가 여기저기에서 빗발쳤다. 오희문은 1594년 4월 3일 일기에서 당시 참혹한 상황을 마주해야 하는 고통스러운 심정을 토로했다. "이 어지러운 세상에 태어나서 이처럼 참혹하고 슬픈 변고를 내 눈으로 보게 되었다"며 당시의 위태롭고 고통스러운 감정을 토로했다.

그러나 오희문은 마냥 두려워하고 있을 수 없었다. 어찌 됐든 그는 가장이었다. 노모를 비롯해 딸린 식구를 챙겨야 했다. 이리저리 피난하느라 정신없는 지경이었지만 그저 견뎌야 했다. 견뎌내는 것, 이것밖에 달리 할 수 없었다. 오희문은 전란 중에 힘없이 이리 저리 떠돌아다니는 자신의 신세를 『시경』의 한 문구, "자잘하며 자잘한 이, 유리(流離)하는 사람이도다"에서 빗대어 일기의 제목을 '자잘하고 자잘한 유리하는 사람'의 기록, 쇄미록(瑣尾錄)이라 명했다. 1593년 1월, 전란의 충격이 생생한 상황에서 오희문도 결국 역질에 걸려 두 달 남짓 앓아 누워 지냈다.

1월 10일에 병을 얻어 2월 24일에 조금 나았고, 27일에 비로소 흰 죽을 먹었다. 3월 초에 비로소 된밥을 먹었고 10일 후에는 나날이 점점 차도가 있어 식사량을 날마다 늘렸다. 보름 후에는 지팡이를 짚고 방 안에서 걸음을 떼기 시작했다. 처음 병에 걸리고 나서 열흘 정도까지는 병세가 몹시 심해서 나날이 더 위태롭고 고통스러워 인사불성이었다 (『쇄미록』, 계사일록, 1593년 1월 13일).

당시 오희문은 지팡이를 짚고 방 안에서 걸음을 떼야 할 만큼 역질에 걸려 크게 고생했다. 본인뿐만 아니라 어머니, 막내딸 단아, 둘째 아들, 그 아들의 양모와 딸, 아들을 비롯해 노비들까지 집안 식구들 다수가 동시에 역질에 걸린 상황이었다. 초기에는 인사불성일 정도로 위태로운 지경까지 이르렀었다. 피란 중에 소중한 이들이 모두 역질로 위태로운 상황에서 오희문은 어떻게 처신했을까? 오희문은 혼란스러운 상황에서도 '효'와 '제'라는 유학의 기본 덕목을 몸에서 떼어놓지 않았다. 오희문은 일기의 첫머리 대부분을 어머니의 건강 상태부터 서술할 만큼, 고생하시는 어머니의 안부가 일의 우선이었다.

어머니의 증세를 보니 설사 횟수가 조금 줄었고 색이 자연스러워졌다. 다만 복통이 여전하고 또 식사 생각이 없다. 이 때문에 몹시 답답하다. 오늘은 두 번 얼음물에 밥을

말아서 대여섯 숟가락 드셨고, 저녁에는 흰죽 조금과 생 꿩
고기 두어 점을 드셨다. 내 학질은 박연운으로 하여금 연 사
흘 동안 잡게 했더니 오늘 저녁에는 속머리가 아프던 것이
그쳤다. 통증이 아주 떨어질 것 같다. 기쁘다. 다만 어머니
께서 아직 쾌차하지 못하시니, 이 때문에 몹시 걱정이다(『쇄
미록』, 계사일록, 1593년 8월 4일).

오희문 일가를 괴롭히는 역병은 한 번에 그치지 않았다. 역병
은 이후에도 식구들을 번갈아 가면서 괴롭혔다가 사라졌다가를
반복하며 전란 내내 떨어지지를 않았다. 역질에 걸려도 전란 중이
라 더더욱 특별한 방도가 없었다. 그저 자리에 누워 열이 떨어지
기를 기다리거나 어렵게 약을 구해와 먹고 버티는 것밖에 없었다.
이 와중에 오희문의 하루는 대개 어머니의 상태를 살펴보는 것에
있었다. 어머니의 상태가 조금 나아지면 안도했지만 그대로이거
나 나빠지면 매우 걱정하면서 답답해했다. 그러니 오희문은 아프
다고 마냥 누워있을 수 없었다. 어머니의 식사, 대소변, 용안 등을
수시로 지켜보아야 했고 집안 대소사도 챙겨야 했다. 오희문은 자
신이 어머니를 위해 할 수 있는 일이 마땅히 없이 그저 지켜봐야
하거나, 그 와중에 먹을 것을 구하지 못해 제대로 드시지도 못하
게 하니 "차라리 병에 걸렸을 때 죽어서 아무도 모르는 게 나았겠
다(『쇄미록』, 계사일록, 1593년 8월 25일)."라며 매우 비통해했다.
오희문이 앞서의 일기에서도 기록했듯, 이미 길거리에는 제

살 길을 찾겠다고 가족을 버리고 도망가거나 배고픔을 참지 못해 인육을 서로 먹는 사건이 비일비재하게 일어났다. 챙길 가족이 없어 쌓여있는 무연고 시체가 계속 늘어났다. 집 밖을 나서면 인간으로서의 존귀를 내팽개치는 일들을 목격할 때마다 처참한 심정을 느꼈다. 자신의 표현대로 힘없이 유리하는 나약한 인간임에도 불구하고 오희문이 극한의 상황에서 인간으로서의 품위를 잃지 않고 가족과 인간에 대한 인륜(人倫)을 끝까지 잃지 않을 수 있었던 힘은 어디에서 나왔을까? 그것은 바로 도덕적 인간을 이상으로 여기는 유학 공부의 성과라고 할 수 있다. 유학은 인간이 동물과 다른 이유이자 근거로 존귀한 삶을 향유하는 문화인을 제시하였다. 그러나 이는 저절로 획득되는 것이 아니라, 인을 지키고 예를 익히는 평생의 노력이 필요하다. 유학자의 공부는 일상생활에서 효제(孝弟)를 실천하고 마음을 수양하는 노력이라 할 수 있다. 오희문은 유학적 가치와 덕목을 삶의 기준으로 삼아 쉽게 흐트러질 수 있는 마음을 통제하고 인간성의 타락을 막을 수 있었다.

1434년(세종 16년)에 조정에서 『삼강행실』을 반포한 이후 유학의 대중 보급 및 교화를 본격적으로 하였다. 그러나 역병과 기근까지 더한 임진왜란은 삼강행실에 근거한 유학적 이념을 자연스럽게 구현하기 어려운 상황이었다. 이에 선조 임금은 효자와 덕행이 있는 사람을 품관으로 추천하라는 명을 내리거나 같은 해 10월 효행이 있는 자를 추천받아 정표함으로써 정책적으로 윤리 질서가 무너지는 것을 막고자 했으나 실질적으로 역부족이었음을 확인할 수 있다. 이 와중에 오희문은 사족으로서의 정체성을 되새기면서 유학 이념을 내면화하고 인륜을 먼저 우선시 여기면서 가족 공동체를 지키고자 하였다(송수진, 2021: 223). 오희문의 전란 중 효행 실천은 사회 질서의 문란을 최소화하는 일이라 할 수 있다. 오희문이 가족들을 보살피고 챙기는 모습은 자녀들에게 학습되었다. 직접 경험뿐만 아니라 모방이나 관찰 같은 간접 경험 또한 학습으로 이어진다는 현대의 사회학습이론이 설명하듯, 이 시기 가정 교육은 일상 생활에서 부모·형제의 말 없는 마음과 행동에 의존했다. 오희문의 지극한 노모 봉양은 자녀들 또한 제 부모에게 행하는 것으로 이어졌다. 오희문의 아내가 병으로 고생하자 오윤겸은 어머니를 간병해야한다고 사직 단자를 올리고 평강에서 한양을 수시로 오고 가며 어머니를 간호하였고, 타지에 있는 자녀들도 부모의 일에 한걸음에 달려왔다.

사족이자 가장으로서 오희문은 난리 중에도 유학 정신을 고수하고자 노력했다. 유교지식인들이 질병, 죽음 등의 시련과 고통을 피하지 않고 존재의 맑음을 추구한 까닭은 '하늘이 내린 벼슬', 또는 '하늘이 내린 명'을 자신의 존재 안에서 깊이 자각하면서 그에 따라 살고자 했기 때문이다(김기현, 2004: 27). 그렇지만 사실 쉬운 일은 아니었을 것이다. 오희문은 미신을 어리석은 짓이라 생각하면서도 가족의 병을 고치기 위해서 그 자신도 중이나 무당 등의 무속 신앙에도 의존했다. 오희문은 끝내 기근과 역병으로 굶주림이 매우 절박해지자 생존과 수양 사이에서 고민에 처한다. 오희문은 가족의 부양을 위해 사족으로서 자기가 할 수 있는 범위 내에서 방법을 강구하나, 더 이상의 방법을 못 찾게 되면 매우 낙심했다. 오희문은 "스스로 성인(聖人)이 아닌 이상 어찌 마음이 흔들리지 않을 수 있겠는가"라며 현실의 괴로움 앞에서 흔들리는 모습을 보이기도 했다(『쇄미록』, 계사일록, 1594년 4월 10일). 오희문은 이런 상황에서 『자경편』을 읽으며 여기에 늘그막에 지켜야 할 규범이 거의 다 담겨 있다며 스스로 경계하고 성찰하는 모습을 보인다. 그럼에도 오희문은 가족들의 굶주림과 병세에 괴로워하며 부쩍 흰머리가 늘고 '사는 게 참 가련하다'며 일기장에 속내를 보인다(『쇄미록』, 계사일록, 1594년 5월 17일).

오희문은 평범한 가장이 난리통에 겪어야 하는 삶의 무게를 진솔하게 일기에 기록하였다. 온 가족이 역병으로 생과 사를 오고 가는 상황에서 마음을 추스르지 못한 채 하늘을 격하게 원망하기도 했다. 노모 봉양과 간호를 최우선으로 여기며 효제의 실천을 중요하게 생각했지만 남모르게 신세를 한탄하며 괴로움을 토로하였다. 이런 인간적인 속내를 통해, 팬데믹이 몰아치는 상황이라면 아무리 유학자일지라도 노모를 봉양하는 일이 쉽지 않았음을 엿볼 수 있다. 임진왜란 동안 평범한 개인이 마주했을 내적 갈등들과 효제 실천의 한계 상황들은 그렇기 때문에 역설적으로 유학을 절대적으로 요청할 수밖에 없다는 공감대를 지식인들 사이에서 형성하게 했다. 팬데믹 상황은 개인들을 극단적으로 몰아 넣는다. 당장의 생존과 미래를 위한 인내 중 하나를 선택하게 한다.

현대인에게 시대착오적이고 고리타분해 보이는 '예(禮)'는 공포와 절망, 흥분 속에 이성적 판단을 잃지 않는 최소한의 방어막 역할을 한다. 팬데믹에 마주하여 유리하는 인간들의 모습은 이후 사회질서를 굳건히 재건하기 위해 유학의 공부를 심화시키는 계기로 작용하게 되었다. 팬데믹 상황은 혼란에 직면한 유교지식인들이 자신들의 학문적 정체성을 굳건히 확립시키도록 유도했다. 유리하는 인간 오희문의 사례를 보면 왜 그토록 조선의 유교 지식인들이 실용과는 거리가 먼 '예'와 '도덕', '명분' 등에 집착했는지를 어느 정도 이해할 수 있다. 그래도 이들은 지킬 것이라도 있었다. 반면 팬데믹 시기를 지난 우리에게는 지켜야 할 것이 자본주의를 지탱하는 황금 즉 물질밖에 없어 보인다. 가볍고 진지함에 대한 평가는 둘째치고 적어도 우리가 제대로 가고 있는지는 판단할 수 있을 것이다.

3. 성혼, 너는 고기를 먹어 생명을 온전히 하라

충청남도 공주시 소학동에는 통일신라 때의 효자 향덕의 정려비인 '공주 소학리 효자향덕비'가 남아 있다. 1982년 충청남도의 유형문화재 제99호로 지정되었다. 이 비는 우리나라 기록상(『삼국사기』 권 제9 신라본기) 최초의 효자인 향덕의 효행을 기리는 비석이다. 지금 남아있는 비석은 조선 영조 대에 다시 세워진 것으로 보인다.

그림 2 공주소학리효자향덕비

그림 2 공주소학리효자향덕비

소재지: 충남 공주시 소학동 76-6번지
출처: 문화재청 국가문화유산포털https://www.heritage.go.k

　　조선 후기까지 전해 내려온 향덕의 이야기는 역병의 유행 상
황에서 효행자라면 어떻게 처신해야 하는지를 보여준다. 향덕은
웅천주(현 공주시) 판적향 출신이었다. 755년(경덕왕 14년) 봄에 심
각한 기근이 신라 전국을 휩쓸고 역병이 유행해 부모 공양이 막
연해지자 향덕은 자기 넓적다리 살을 베어 부모를 봉양하였다. 또
어머니의 병을 낫게 하기 위하여 종기를 입으로 빨아 치료하였다.
신라 경덕왕은 향덕의 효행을 전해 듣고 포상과 함께 마을에 비
석을 세울 것을 명하였다. 이후 효행자의 미담과 관련해서 빠지지
않고 등장하는 상황 중에 역병이 등장한다. 대개 역병의 위협에도
굴하지 않고 부모를 봉양하거나, 간호하거나, 초상을 치르는 이야
기들이다.

성종 대에 행 부사정인 황신의 어미는 나이가 79세로서 전염병에 걸려 하루 낮밤 동안 기절하였는데, 지성으로 구호하여 다시 살아나자 마음을 다해 봉양하니, 온 고을이 효성을 칭찬하였다. 이에 재주에 따라 임용하자는 청원에 따라 서용하게 되었다(『성종실록』 1478년(성종 9년) 8월 26일).

백성 이개미치는 울진인이다. 나이 18세 때에 어머니에게 광병과 학질이 동시에 발작되어 기절했다 깨어났다 하기를 2년간 계속했다. 이개미치가 자기의 손가락을 끊어 불에 태워 술에 타서 먹이니 그 병이 즉시 나았다.

김석은 울진의 관노이다. 아버지가 역병을 앓았는데 온갖 약을 다 썼어도 낫지 않으므로 김석이 손가락을 끊어 불에 태워 술에 타서 먹이니 그 병이 즉시 나았다.

김씨는 울진인인데 전 참봉 최영청의 아내이다. 어머니가 학질을 앓아 거의 죽게 되었는데 김씨가 자신의 손가락을 끊어 불에 태워 술에 타서 먹이니 그 병이 즉시 나았다 (『명종실록』 1561년(명종 16년) 윤5월 21일).

조선은 건국 초부터 유교 보급을 위한 수단으로 민간이 효를 실천할 수 있도록 다양한 정책을 추진했다. 『삼강행실도』 등의 윤리서를 발간 및 보급하였고 효자와 열녀를 추천받아 적극 포상하였다. 『삼강행실도』는 1434년(세종 16년)에 유교식 교화를 목적으로 효자·충신·열녀의 행적을 서술한 책이다. 일상 생활 속에서 이루어지는 지속적인 효행을 비롯하여 특수한 상황에서 효행 실천자가 자신의 신체를 훼손하거나 목숨을 잃으며 부모의 위기를 극복하고자 하는 사례를 담고 있다(김가람, 2021: 79). 또한 부모가 살아계실 때 정성껏 봉양하는 것 뿐만 아니라 부모가 죽은 후에도 죽은 부모를 유교식 의례 방식으로 효행을 이어가는 것도 강조한다.

효행의 방식에는 크게 신체보전형 효행과 신체훼손형 효행이 있다. 신체보전형은 주로 경전에서 권장하는 방식으로 일상생활에서 부모가 주신 신체를 보존하는 가운데 합리적으로 효심을 실천한다. 반면 신체훼손형은 할고단지 같이 감성과 주관에 의존해 자녀의 희생이 강조된다(김덕균, 2021: 229). 『삼강행실도』의 보급과 국가의 효행자 포상 정책은 시간이 지날수록 신체훼손형 효행의 비중이 많아지는 현상으로 이어졌다. 국가에서 효자들에게 부역을 감면·면제해주는 방식으로 그들의 효행을 권장·격려하는 정책의 이면에는 갈수록 극단적인 방식으로 효행을 보여주려는 가짜 효행자를 양산하였다. 유교 지식인으로서의 나를 갈고 닦고 가꾸고 다듬는 공부, 성심·본심을 바탕으로 한 효행과 거리가 멀었다(박균섭, 2021: 202). 오히려 조선의 대표적 도덕 교과서인 『소학』에서는 부모가 살아 계실 때는 자신의 몸을 자기 마음대로 하지 않는 것이 효를 실천하는 일이라 여겼다. 역병의 잦은 유행은 신체훼손형 효행을 포장함으로써 무너져가는 사회 기강을 확립하고 감성을 자극하여 호응을 이끌어낼 수 있었겠지만, 정작 부모된 자의 진심은 어떠했을지 유념할 필요가 있다. 그렇다면 혼란 속 유교 지식인이 지녔던 효행관은 어떠했을까? 자녀에게 쓴 사적인 편지를 통해 이에 대한 진솔한 생각을 짐작해볼 수 있다.

문준(文濬)이 살아서 온전히 목숨을 부지한 뒤에야 가세를 다소 유지할 수 있을 것이니, 만약 상을 당하고 애통함을 이기지 못하여 죽는다면 여러 아이들이 어리고 약하기 때문에 스스로 고향에 돌아갈 수가 없어서 천리 밖에서 표류하다 집안과 세계가 반드시 멸망하고 말 것이다. 나를 장례하기 전에 위장병이 나거든 고기를 먹어서 죽음을 면하고 졸곡제 뒤에는 바로 고기를 먹어 생명을 온전히 하여 내가 평소에 말한 것과 같이 하여야 할 것이다. 내가 말한 것을 한결같이 따라야 할 것이다. 초상과 장례는 비록 검소하게 하더라도 나에게는 편안하지만, 만약 이것을 따르지 않는다면 이는 나의 영혼이 없다고 여기는 짓이다. 나는 좋지 못한 때에 태어나 이러한 난세를 만났으니, 흙에 백골을 묻는 것만도 다행이다. 어찌 딴 것을 바라겠는가(『우계집』 속집 권6, 「사후의 일을 써서 강생 진승에게 보이다」).

앞의 편지는 조선 중기 유학자 우계 성혼(成渾, 1535~1598)이 난리 중에 갑자기 죽는 상황을 대비하여 일종의 유서와 같이 작성한 글이다. 성혼은 성수침과 파평윤씨에서 태어났다. 성수침은 정암 조광조의 문인으로 기묘사화 발발 이후 벼슬을 단념하고 학문에 전념하면서 성혼을 비롯해 후학을 가르쳤다. 성혼은 아버지로부터 『소학』을 중시하는 수신(修身) 공부를 배웠다. 성혼은 성현들이 이치를 밝히는 공부를 모두 구비해 지금은 '진심(眞心)'을 확립하는 일이 중요하다는 입장이라 철학적 논변에 관한 글을 소략하게 남겼다(송수진, 2022: 7).

1593년, 임진왜란 중 성혼은 일종의 유서를 작성하였다. 그해 7월 성혼 또한 전염병으로 인한 병환이 심해 40여 일 동안 병석에 누워 앓았다. 성혼은 마지막 삶의 순간이 될 것이라 직감하고, 동행하던 강생 진승에게 작성한 글을 맡겼다. 성혼이 작성한 글은 장례 및 상례에 관한 내용과 절차를 언급하기보다 남겨진 후손을 향한 당부가 구체적으로 구성되어 있다. 성혼은 자식들에게 정해진 보편적 규범을 무작정 앞세우기보다, 특수하고 개별적인 상황에 맞추어 예를 행할 것을 강조하고 있다. 평소 성혼은 권도(權道)를 적극적으로 내세우며 관행과 구습에 얽매이지 말고 때와 상황에 알맞은 최선의 방법이 무엇인지 고민해왔다. 성혼은 평소 내실(內實)을 추구하는 삶과 공부에 대한 의지를 강조했었다. 형식을 앞세우기보다 공부의 진정성을 중요시 여기는 자세는 유서에서도 확인할 수 있다. 유서에서 성혼은 신체훼손형 효행을 엄격하게 금하고 있다. 만약 이를 자식이 어긴다면 부모의 영혼을 무시하는 행위라면서 강도 높여 금지하였다. 성혼은 오히려 장례와 관련하여 남의 이목을 신경 쓰지 말고 고기를 먹어서라도 약한 몸을 보충하고 끝까지 살아남아 가문을 유지하라고 말한다.

성혼은 난리 중에 가족이 서로를 버리고 해치는 일들을 목도하면서 인간다운 도리를 유지할 수 있는 방법이 예를 실천하는 것이라 확신하였다. 하지만 그 방식이 결코 신체를 희생해가며 예를 실천하는 것은 바람직하지 않다고 여겼다. 예의 형해화, 절대화가 불러올 파장을 잘 알고 있었다.

네가 남의 집에 있으니, 먹고 잠자는 것이 평소만 못할까 염려스럽다. 천만번 부디 몸을 조심하여 음식과 여색 때문에 몸을 손상시키지 않는 것을 긴요하고 간절한 공부로 삼아 힘쓰도록 하여라. 이것이 말하기는 매우 쉬우나 행하기는 매우 어려운 것이다(『우계집』, 속집 권5, 「아들 문준에게 보내다(與子文濬)」).

바라건대, 부지런히 책을 읽고 술을 끊으며 잠자고 밥 먹는 것을 조심하여 병이 나지 않게 하였으면 한다. 너는 나의 이 말을 깊이 체념하여 마음속에 잘 간직해서 실추하지 말아야 할 것이다(『우계집』, 속집 권5, 「손자 역에게 보내다(與孫櫟)」).

문준은 자질이 순후하고 욕심이 적으며 또 의리를 아니, 얻기 어려운 아름다운 자질이라고 할 만하다. 그러나 나를 닮아 기질이 허약해서 열심히 책을 읽어 학문을 성취할 수가 없으니, 무엇보다 의약서를 보아 양생하는 방도를 통달하도록 하라. 그리하여 마음과 기운을 완전히 기르고 자고 먹는 것을 편안히 하여 장수함으로써 부모의 마음에 부응하여야 할 것이다(『우계집』, 속집 권6, 「아들 문준과 세 손자 아이에게 보여 주다」).

성혼은 평소 아들 문준과 손자 역에게 병이 나지 않게 몸을 조심할 것을 당부하였다. 성혼이 자녀들에게 쓴 편지들의 대부분은 자신을 닮아 몸이 약한 자녀에 대한 안쓰러움과 걱정이 담겨 있다. 실제 성혼 또한 어려서부터 갖은 잔병으로 과거를 포기할 정도였다. 심지어 선조 임금이 성혼을 조정에서 만나고자 했을 때, 벗 율곡 이이가 성혼의 몸 상태를 이유로 만류했을 정도였다. 그러하기에 성혼은 자녀가 몸과 마음을 편안히 하여 장수하기를 간절히 염원하였다. 기근과 역질이 끊이지 않아 제 명을 누리기가 힘들었던 시기였다. 성혼의 마음은 기실 모든 부모의 마음이 아닐까. 성혼에게 '긴요하고 간절한 공부'란, 그것은 부모의 마음에 부응하여 몸과 마음을 잘 보존하고 부모의 뜻을 계승하는 것이었음을 확인할 수 있다. 성혼은 포상을 받기 위해 남에게 보여주기 식 효행의 실없음을 알고 있었다.

건전한 상식을 갖춘 부모라면 오히려 보여주기식 효행을 행하려는 자녀를 훈육하여 바르게 인도할 수 있어야 했다. 포상에 눈이 멀어 거짓으로 효행을 실천하는 것은 성혼의 평소 공부와 위배되는 행위였다. 자녀의 앞길을 진정으로 막지 않는 부모라면 오히려 자녀가 일상 생활에서 몸과 마음을 바르고 건강하게 가꾸어 입신양명의 길을 제대로 걸어가도록 지도할 수 있어야 한다. 역병의 잦은 유행으로 언제 세상을 떠날지 모르는 세상에서, 성혼의 유서에는 부모된 자의 진심에서 우러나오는 효행을 엿볼 수 있다. 성혼의 태도는 순리를 거스르는 욕망을 버려야지만 일상의 관계들이 건전하게 작동할 수 있음을 보여준다. 성혼의 이름이 빛나는 까닭은, 보여주기 식 거짓 연기와 거리가 먼, 진실된 공부와 삶이 있었기 때문이다.

제3부

역병에도 포기할 수 없는 공부,

그 도전과 과정

1. 권상일, 미역자(未疫者) 수험생의 처신

조선 시대에는 역병이 유행하는 상황에서도 과거 시험은 놓을 수 없는 과제였다. 사대부로 인정받기 위해서는 과거 입격이 필수였다. 과거 시험은 전쟁의 난리 속에서도, 역병이 유행할 때에도 거의 중단없이 실시되었다. 과거 시험을 실시하는 것 자체가 선비들의 마음을 위로하고 공부에 힘을 실어주는 것이었기 때문이다. 하지만 역병의 폐해가 심할 때에는 과거를 응시하는 유생도 평소보다 훨씬 줄어들었다. 본인이나 지인이 병에 걸렸을 수도 있지만, 사람이 모여든 장소를 피하느라 일부러 응시를 하지 않는 경우도 있었기 때문이다. 그러나 과거에 합격하기까지 과거 일정과 시험 내용, 합격자 명단 등의 소식을 들으면서 과거 공부를 온전히 중단하지 않았다. 돌림병의 유행에도 불구하고 과거시험을 치르기 위해 매진하였는데 어쩌면 그것이 그들에게는 살아가는 데 유일한 방법이며 동시에 생명줄 그 자체였기 때문이다(전경목, 2007: 265). 그러나 이들이 자신만의 명예와 이득을 위해 경쟁적으로 과거 준비에 매진한 것은 아니었다. 자기만을 알고 예의와 도리를 저버린 이들은 사회적 비난을 받았다. 또한 그 과정에서 호혜 정신을 실천하기도 했다.

『청대일기(淸臺日記)』는 역병의 거듭되는 유행 속에서도 과거 시험에 치열하게 매진해야 했던 유생의 삶과 공부 이야기가 전해지는 것으로 알려져 있다. 일기의 주인공은 조선 후기 영남 퇴계 학파를 대표하는 문신 학자인 청대 권상일(權相一, 1679~1759)이다. 1702년(숙종 28년) 1702년 1월 1일부터 1759년(영조 35년) 7월 1일까지 약 58년 동안 쓴 일기가 현재 전해지고 있다. 20대 청년 시절에서부터 7~80대 노년기에 이르기까지, 권상일은 자신의 일상을 거의 매일 기록하였다. 그 중 권상일의 팔십 평생은 전염병의 유행과 떼어놓을 수가 없었다. 조선 시대에는 전염병에 아직 걸리지 않은 상태를 '미역(未疫)'이라 칭하였는데(『숙종실록』1683년(숙종 9년) 10월 13일), 권상일은 일기에 과거 시험을 앞둔 미역자 수험생의 초조하고 두려운 심정을 솔직하게 묘사하였다. 일기 속 기록을 따라 역병의 위험 속에서도 과거에 매진할 수밖에 없었던 유생의 심정과 당시 분위기를 살펴보고자 한다.

권상일은 경상도 상주의 근암리(현재 문경시 산북면 서중리)에서 태어났다. 아버지는 안동 권씨 심, 어머니는 경주 이씨 달의 딸이었다. 그의 6대조인 권대기와 5대조 권우는 대대로 안동에 살면서 퇴계 이황의 문하에서 학문을 전수 받아 학행으로 이름이 높았다. 그의 고조부인 금곡 권익린은 생원이 되었고, 증조부인 권구 또한 생원이 되어 좌승지에 증직되었다. 그러나 조부 권이칭과 부친 권심에 와서 입격자가 나오지 못했다. 부친 권심은 계속 응시했지만 과거를 보러 먼 길을 나서기에 연로해 과거 응시를 그만 두었다(『청대일기』, 1710년 4월 6일).[1] 부자가 과거를 준비하다 보니 집안 살림은 궁핍했다. 권상일 집안은 마을의 가난한 사대부를 구제해주기 위해 관아의 곡식을 나눠 받아야 했던 다섯 집 중 하나였다(『청대일기』, 1732년 4월 29일). 그는 과거 시험 날짜가 다가오는데 집에 아무 것도 없어 챙겨 갈 양식을 마련하지 못하자 매우 답답해하기도 했다(『청대일기』, 1710년 5월 14일). 권상일은 집안을 부양하고 연로하신 부친을 대신하여 사대부 집안을 잇기 위해서라도 기필코 과거에 입격해야 했다.

조선 시대의 과거 준비를 위한 교육 시스템은 오늘날처럼 특정한 연령이 특정한 장소에서 특정한 시기와 시간에 맞추어 공부해야 하는 시스템과 거리가 멀었다. 대개 어려서는 집안의 어른들에게 집에서 가르침을 받으며 자율적으로 공부했다. 이후에는 서당 등에서 실시하는 공부 모임인 강회에 참석하거나 산사나 서원 등을 찾아 여럿이 숙식형 공부를 하면서 시험에 대비하였다. 개인이 처한 역량과 환경을 고려하여 자율적인 방식으로 과거를 준비했다. 권상일도 어릴 적에는 집안에서 할아버지의 지도 하에 글을 배우면서 독학을 했다. 이후 과거 공부에 본격적으로 들어갔다. 이 시기에는 여러 공부 모임에 참여하면서 실력을 키웠다. 그러나 과거 준비가 평탄치 않았다. 공부에만 전념하기가 어려웠던 까닭

---

1   『청대일기』의 인용은 신상목 외 번역(2015, 한국국학진흥원)을 참고하였다.

은 간헐적으로 역병이 유행했기 때문이다.

마마가 다시 번지니 기세가 반드시 여름을 지나야 할
것 같다. 문을 닫고 일절 왕래를 하지 못하니 고민이다(1704
년 5월 1일).

현촌의 채 원장 댁 온 집안이 전염병에 걸렸다고 하기
에 편지를 하여 안부를 물어보았다(1704년 5월 10일).

역질이 곳곳마다 크게 번져 조용한 곳이 한 곳도 없고,
서울은 기묘면(1699)보다 심하다고 한다(1704년 5월 22일, 이상
『청대일기』).

마을에 전염병이 유행하기 시작하자 권상일은 외출을 삼가고
이웃과 왕래를 끊고 지내야했다. 일체 외부 사람과 연락을 하지
않고 자리에 눌러 앉아 지냈다. 오늘날로 치면 스스로 사회적 거
리두기를 실시한 것이다. 어쩌다 지인의 소식은 편지를 통해 접했
다. 흥미롭게도 나라에서는 전염병이 유행하여 피해가 컸음에도
선비들의 마음을 북돋우고자 과거 공부를 권장했다. 권상일이 살
았던 상주의 경우, 관찰사가 공부를 장려하고자 각 고을 향교에
쌀을 무상으로 나누어 주고 거접하도록 했다. 또한 관찰사가 상주
읍내에 백일장을 열어 성적이 좋은 이들에게 포상할 계획을 알리

기도 했다. 이에 권상일은 전염병을 피해 친척과 함께 조용한 산사에 거접하며 글짓기를 연습했다. 권상일은 6월 19일 백일장에 참여하기 위해 읍내로 들어갔다. 전염병이 유행하는 시기에 열린 백일장의 풍경을 다음과 같이 묘사하였다.

> 마을 안에는 마마가 바야흐로 크게 번지는데, 선비의 부류라고 조금이나마 지목받은 자는 대부분이 마마를 겪지 않았는데도 버젓이 시험장에 나타났으니, 사람이 두려워하는 것이 죽고 사는 일이건만 염치를 두려워할 줄 모르는 자들이 어느 겨를에 남을 돌아보겠는가. 백일장도 이와 같은데 하물며 생원시나 진사시나 대과는 어떻겠는가(『청대일기』, 1704년 6월 20일).

상주 읍내도 전염병으로 위험한 상황이었다. 이 날 시험장에는 아직 마마에 걸리지 않은 유생들이 참석했다. 권상일이 과거에 욕심을 낸 나머지 미역자임에도 개의치 않고 백일장에 참석한 이들을 비난한 까닭은 그러한 행동이 공동체를 위험에 몰아넣기 때문이라고 생각했기 때문이다(김하라, 2022: 82). 이들의 염치 없는 행동은 선비에 뜻을 둔 자들이 할 수 없다면서 맹렬하게 비난하였다. 아직 전염병에 걸리지 않은 이가 사람이 모여든 곳에서 활동하다가 병에 옮기게 되기라도 하면, 그로 인해 가족과 마을 사람들의 안전을 위협하는 상황으로 이어질 수 있기 때문이다. 권상일의 시선에서 이들은 눈 앞의 작은 이익을 챙길 뿐 염치는 갖추지 못한 자들이었다. 아무리 과거 준비가 급하더라도 타인의 안전을 우선하는 일이 선비의 처신이었다. 선비라면 '경쟁'보다는 '상생'을 삶과 공부의 기준으로 삼아야 하기 때문이다. 이 날 권상일은 몇몇 지인들과 함께 시험장에 들어가지 않고 돌아왔다. 권상일은 마찬가지 이유로 성내에 마마가 크게 번지고 있다는 소식을 듣고 바로 돌아간 이문언과 김이순을 가리켜 '시원한 선비'라고 평하였다(『청대일기』, 1704년 8월 22일).

1707년 홍역이 늦봄부터 크게 번져 서울에서는 성안의 아이들 중에 죽은 자들이 무수하게 많았다(『청대일기』, 1707년 4월 22일). 역병이 유행하면 마을에 아이들이 그네 타는 모습을 찾아보기 어려울 정도로, 전염병은 아이들의 일상과 생명을 파괴했다. 경상도 상주도 다를 바 없는 상황이었다. 29세의 권상일을 비롯해 아직 홍역에 걸리지 않은 자들은 임시 처소로 거처를 옮겼다. 홍역은 몇 달에 걸쳐 끈질기게 마을 곳곳에 퍼졌다.

들으니 처가가 또 향교 마을로 거처를 옮겼다고 한다. 마마가 크게 번져 조용한 곳이 한 군데도 없으니, 임시로 머무르는 사람들을 생각하면 매우 염려된다(1707년 5월 4일).

관아에서 보이는 순제 시(試)와 부(賦) 각각 세 문제를 받아 보았다(1707년 5월 9일).

들으니, 우리 마을 아이가 홍역을 앓기 시작했다고 하는데, 나는 이 병을 앓은 적이 없으니 걱정되는 마음 견딜 수 없다(1707년 5월 22일).

공도회가 10일에 있으나, 듣건대 읍내에 홍역이 크게 악화되어 죽은 자가 열에 아홉이라고 하니, 마음을 내 볼 수 없다. 매우 답답하다(1707년 6월 1일).

날마다 거원 형과 모여 이야기를 나누었다. 이때 『퇴계집』을 비롯한 여러 문집을 강독했으나 공부라고는 비로 쓴 듯하다. 가을 과거가 머지않다. 어쩌겠는가(1707년 6월 8일).

들으니, 근처에 홍역이 점차 번진다고 한다. 어찌하겠는가(1707년 6월 20일).

조추경의 종과 말을 빌려 김룡사에 갔는데, 절에도 홍역이 번져 황급히 대승사로 왔다. 들으니 대승사 보현암에도 홍역이 번져 갈 곳이 없다고 하여 미륵전에 거처했다. 그윽하고 외진 곳이기 때문이다(1707년 6월 27일).

이 절에 와 거접을 시작하자 서당에서 임원이 왔다(1707년 7월 3일).

마을 아이가 홍역을 앓기 시작했다. 거처를 옮겨야 하나 사방을 둘러보아도 조용한 곳이 없으니 어쩌하겠는가(1707년 7월 28일).

여러 친구들과 함께 밤낮으로 이야기를 나누다 보니 피접 중의 괴로운 정황을 까맣게 잊을 수 있어서 다행이다 (1707년 8월 2일, 이상 『청대일기』).

전염병이 유행하기 시작하자 마을 사람들은 아직 전염병이 나오지 않은 곳으로 거처를 옮겼다. '죽은 자가 열에 아홉'일 정도로 처참한 상황이었지만 과거 시험 일정은 예정대로 발표되었다. 이에 권상일은 지방의 유생들을 상대로 하는 모의평가 문제를 받고 작성해 관아에 제출했다. 그러나 자주 거처를 옮겨야 해서 한 곳에 앉아 집중할 수 없다 보니 공부가 뜻대로 진행되지 못했다. 과거 날짜가 다가오니 매우 답답해했다. 무엇보다 권상일 자신이 아직 홍역에 걸린 적이 없었기 때문이다. 유생들은 절이나 서당 등에 모여 함께 숙식을 하며 공부했는데, 이를 거접이라고 하였다. 그러나 전염병이 유행하는 상황에서 함부로 거접을 할 수 없었다. 그렇다고 마냥 집에서 공부할 수도 없었다. 전염병이 발생한 곳을 피해 거접을 할 수밖에 없었는데, 이를 피접이라고 했다. 권상일은 안전한 곳을 찾아 장소를 옮겨 다니면서 피접을 해야 했다. 그나마 피접이라도 하면서 함께 친구들과 공부할 수 있어 다행이었다. 홍역의 유행이 끝이 보이지 않는 상황이었지만 권상일은 8월 19일, 답답하고 무거운 마음을 안고 과거길에 나섰다. 홍역을 피해 다니다보니 우회해서 멀리 돌아가기도 했다. 갈수록 과거 시험에서 서울 지원자들이 대부분 합격할 수밖에 없었다. 전염병의 유행은 지방에 거주하는 이들에게 불리했기 때문이다. 이 시험에서 권상일은 2등 세 번째로 입격했다. 그러나 이후 동당시에는 응시하지 못했다. 시험장에 홍역이 돈다는 소문을 들었기 때문에 발길을 돌려야 했다.

권상일은 여러 차례 도전과 낙방 끝에 32세인 1710년(숙종 36년)에 증광 문과에 병과(丙科)로 급제하였다. 하지만 그 사이 어머니, 아내, 장인, 장모, 처남 등을 비롯하여 가까운 지인들이 역병으로 죽었다. 전염병은 완전히 사라지지 않고 마을 곳곳을 위협했다. 가난과 역병으로 지방에서 과거를 준비하기가 쉽지 않은 상황이었지만 오랜 도전 끝에 성취를 끝내 이루었다.

왕십리에 이르러 방목 소식을 들으니, 과연 우수한 성적으로 급제하였으나 놀라거나 기쁜 마음은 별로 없으니, 너무 기뻐서 그런지는 모르겠다(1710년 6월 3일).

고향 집의 종이 오후에 이미 와 있었는데 모든 식구들이 편안하다는 소식을 듣고, 또 집의 편지와 일가의 축하 편지를 받으니 그립고 울적한 마음에 나도 모르게 뛸 듯이 기뻤다(1710년 6월 13일).

아침때가 되기 전에 도문연을 열었다. 오랫동안 어버이 얼굴을 뵙지 못했는데 영광스럽고 다행함을 헤아릴 수 없다. 원근의 사람들이 구름같이 모여들어 두 집이 밀려 찌그러지고, 나무 두 그루가 꺾여 넘어졌으니, 우습다(1710년 7월 4일, 이상 『청대일기』).

권상일은 최종 합격 소식에 마냥 기뻐할 수 없었다. 오히려 담담한 지경이었다. 이후 고향에서 가족들의 편지를 받자 기쁘면서도 한편으로는 그 사이 돌아간 이들을 생각하니 울적했다. 조선시대에는 과거 합격자를 위해 도문연이라고 불리는 잔치를 열었다. 이는 과거 합격자에게 영광된 자리를 마련해주어 개인과 가문의 영광을 극대화하는 장치였다. 권상일은 과거에 합격해 조상과 부친에게 이제야 면목이 섰다. 이날 잔치에 구경 오러 온 마을 사람들이 얼마나 많았는지를 상상하게 해준다.

권상일은 비록 전염병에 걸린 적은 없지만, 가족과 지인 등이 병치레를 하고 끝내 죽는 상황을 목격하면서 늘 목숨의 위험을 느끼며 지냈다. 그런 상황에서도 과거를 준비할 수밖에 없었던 이유가 바로 이 날의 일기에 적혀 있다. 과거 입격이야 말로 가문과 마을의 위상을 높여주는, 일종의 보증수표였기 때문이다. 그러나 과거를 준비하면서 개인과 가문의 영광을 위해 경쟁에만 빠지지

역병의 시대, 조선 지식인의 삶과 공부

않고 양보하고 희생하는 길을 택했다. 공동체가 위험에 처한 상황에서 사욕을 쫓는 이들을 비판하였다. 역병이 유행하면 답답하더라도 사회적 거리두기를 실시했고 거접이나 백일장 등 사람이 모이는 공부 행사는 융통성 있게 참석했다. 때로는 과거 시험장에 들어가는 것도 포기했다. 그 사이 가까운 이들의 죽음에 애달파하고 위로해주며 그리워하는 일들에 정성을 들였다. 역병으로 인해 장례와 제사 절차를 다 갖출 수 없어 애통하고 서운해하면서도 형식을 고집하기보다 정성에 중점을 두었다. 권상일이 보여준 이러한 삶의 자세는 그가 끝까지 추구한 선비다움에서 비롯되었다. 권상일은 평생 퇴계 이황의 정신을 이어받은 안동 선비를 삶의 지향으로 여겼다.

공경으로 몸을 간직하고 기상은 교만하게 하지 말며, 독서는 오직 부지런히 하고, 말을 적게 하고 남의 단점 들추지 말며, 온화한 얼굴로 남을 맞이하고, 뜻은 검소하고 겸손함에 두며, 일은 반드시 신중하게 하고, 옷깃을 여미고 꿇어앉는다.

나의 병통은 몸은 거만하고, 얼굴은 사나우며 뜻은 높고 기상은 오만하여 직성대로 하여 거리낌이 없고 일을 시작하고 그침이 일정하지 않은 데 있다. 그러므로 글을 써서 스스로를 경계한다.

선비는 학문을 하지 않을 수 없다. 학문은 마땅히 뜻을 세워 그것을 확고히 하며 분발해야 하고 사욕에 마음을 빼

앗기지 않아야 한다. 우환과 질병으로 저지당하거나 폐지
하지 말아야 한다. 이렇게 하지 못하면 이는 변변치 못한 사
람이니, 족히 무엇을 할 수 있겠는가(1707년 12월 30일, 이상
『청대일기』).

권상일은 1707년 그 해의 마지막 날, 자신을 경계하는 글을 지
었다. 이는 한 해를 되돌아보며 새해를 시작하는 마음가짐을 새기
기 위함이었다. 학문은 사욕을 제거하고 몸과 마음을 한결같이 가
다듬는 평생의 수양에 해당했다. 권상일은 자신의 삶이 그래왔듯,
어떤 상황에서도 포기하지 말고 중단없이 행하자는 각오를 다졌
다. 특히나 역병을 비롯하여 공부를 방해하는 요인들은 늘 끊이지
않지만 그렇다고 수양 공부를 물러서거나 포기하여 선비의 이상
을 놓아버려서는 안 된다고 여겼다. 권상일은 사욕에 판단이 흐려
져 '변변치 못한 사람'이 될 수 없다는 자존심을 고수하였다. 남이
알아주는 것도 아닌데도 스스로를 경계한 까닭이었다.

2. 류의목, 통과의례 속 어른으로의 입문

류의목(柳懿睦, 1785~1833)의 자는 이호(彛好), 호는 수헌(守
軒)이며 본관은 풍산(豊山)이다. 서애 류성룡의 형인 겸암 류운룡의 9
대손으로 20세에 정종로의 문인이 되었다. 류의목은 출사한 적은 없

지만 성리학 연구에 매진하여 『대학변의』, 『중용관견』, 『상례고증』 등의 책을 남겼다. 조선 후기 안동 하회 지역을 중심으로 활동했다.

류의목은 그가 10대에 쓴 일기로 주목받고 있다. 12세에서 18세까지의 자신의 일상과 주변 상황을 일기로 작성했는데 『하와일록(河窩日錄)』으로 불린다. 『하와일록』의 특징은 조선시대 10대 청소년의 학습과 성장을 엿볼 수 있다는 데에 있다. 대개의 일기류의 작성자가 어른이라는 점에서, 『하와일록』의 사료적 가치는 충분하다. 『하와일록』은 조선시대 유학자의 집안을 배경으로 소년에서 한 집안의 가장이자 유학자로 성장하는 과정을 구체적으로 보여주기 때문이다. 12세의 류의목은 '팽길'이라는 아명으로 불린 소년이었지만, 18세 류의목은 어엿한 어른으로 성장하였다(안경식, 2022). 일기에는 독서활동과 상례, 제례, 혼례 등의 통과의례에 관한 내용이 주로 기록되어 있다.

특히 일기의 상당수가 제례와 관련한다. 류의목의 성장 과정에서 가족, 지인 등의 죽음이 끊이지 않았기 때문이다. 일기에서 언급되는 제례는 그가 읽은 유교 경전 속의 가상의 이야기가 아니라, 류의목이 직접 경험했던 현실 그 자체였다. 그 중 1798년은 더욱 특별했다. 그 해 일기에는 역병의 유행을 예고하는 이상기후 기록이 잦았다. 우연일지 몰라도 이 시기에 청나라에서 역병이 유행하였고 청나라와 조선을 오고 가는 이들에 의해 조선에도 급격히 확산되었다. 1798년에서 1799년 사이, 류의목의 가족들도 상당수가 역병에 빠른 속도로 감염되기 시작했다. 이에 따라 1799

년 일기에는 가족과 일가 친척들에게 들이닥친 역병과 죽음에 관한 내용이 상당하다. 이 때 류의목의 나이는 14세였다. 류의목 본인을 비롯하여 아버지, 할아버지, 집안 식구들이 많이 아프고 기침이 심한 증상을 보였다. 한 달 동안 마을에 부고가 끊이지 않았다. 2월 22일의 기록에는 전염병이 극성을 부리면서 안동부 내에만 사망자가 400명에 이른다고 했다. 이 와중에 류의목은 과거 준비를 비롯하여 유학자로서의 자질을 갖추기 위한 공부 또한 중단할 수 없었다. 이러한 공부는 장차 어른으로서 인정받기 위한 하나의 관문에 해당했기 때문이다. 류의목은 병산서원에 가서 강회(講會)에 참석하고 『소학』을 강독하는 시험을 보아 통(通)을 받았다(1798년 1월 7일).[2]

그림 3 안동 병산서원

소재지:경북 안동시 풍천면 병산리 30번지
출처: 문화재청 국가문화유산포털 https://www.heritage.go.k

---

2   이상 『하와일록』의 인용은 김정민 외(2015, 한국국학진흥원) 번역본을 참고하였다.

강회는 조선시대 서원에서 유생들이 모여 집단적으로 학습하던 방식 중 하나였다. 유생들은 각자 공부한 성과를 공유하기도 했고 그간의 궁금증을 해소하기도 했다. 율곡 이이가 「은병정사학규(1578년)」를 제정한 이후 강회는 서원의 정체성을 형성시키는 공부로 자리잡았다. 대개 강회는 대개 사당에서 선현을 알현한 후, 원장과 강장, 유생이 차례에 따라 읍을 한 후 강독과 토론을 하는 순서로 진행되었다. 참석자들은 진지하고 공경한 태도를 유지하며 토론에 성실히 임해야 했다. 만약 이유 없이 강회에 불참하거나 불성실하게 참여하면 제제가 가해졌다. 유생들은 강회를 통해 부족한 점을 깨닫고 개선 사항을 마련하여 각자 일상 생활에서 실천으로 옮겼다. 강회는 그동안의 공부를 평가하고 각자 견해를 주고 받으며 유학자로서의 안목을 형성하도록 돕는 역할을 했다. 기성 학자들과 장차 학자로 성장할 청년들이 함께 소통하며 서로의 공부를 이끌어주는 자리였다. 소년 류의목은 돌림병으로 마을이 어수선한 상황이었지만 강회에 참석하여 반듯하고 공경스러운 태도를 지키면서 유학자로서의 성장을 도모하고자 했다.

아버지가 여러 해 동안 앓고 있는 병 때문에 날마다 누워서 지냈다. 여러 달 동안 집을 옮겨 지내기도 했지만 전혀 효과가 없었다. 오한 증세가 있지 않은 날이 없었고, 혹 얼굴이 돌에 부서진 것 같기도 했고, 혹 사지가 불에 문드러진 것 같기도 했다. 지난 겨울 의원 이씨가 한 말을 더듬어 생각해 보니 음이 허하고 화가 동한 증세라고 했는데, 끝내 인삼과 사삼등의 약재를 사용하여 양기를 돋운 것 때문에 이렇게 된 것일까! 종일 병시중을 들고 있으니 나도 모르게 소리 없이 눈물이 절로 흘렀다. 언제쯤 평안한 시절을 볼 수 있을까! 졸이며 눈물 흘리는 심정을 말할 수 없다(『하와일록』, 1799년 3월 15일).

아버지가 답답해하며 다시 탄식하길 "장차 어찌할꼬, 장차 어찌할꼬?"라고 하였다. 연이어 아버지를 부르며 울부짖었으나 돌아가셨다. 천지에 사무치는 아픔을 말할 수 없었다. 울부짖으며 가슴을 쳤으며, 오장이 찢어지는 것 같았다. 삼년간 병수발한 어머니를 어떻게 위로할 것이며, 팔십의 연세에 오직 아들의 병을 근심한 할아버지를 어떻게 위로하겠는가? 고아가 된 불초의 성의가 부족하여 귀신과 하늘의 죄를 받아 이에 이르렀으니, 오히려 누구를 탓하겠는가! 호천망극이로다(『하와일록』, 1799년 10월 5일).

전국을 강타한 돌림병은 봄뿐만 아니라 여름에도 다시 유행했다. 류의목은 5월 한달 가량 병에 걸려 일기를 작성할 수 없었다. 이해 가을, 병세가 더욱 악화되었던 아버지 류선조가 끝내 세상을 떠났다. 위의 두 일기 기록에는 병세가 심해지신 아버지를 곁에서 지켜봐야 했을 소년 류의목의 슬픔과 절망감, 끝내 아버지가 돌아

역병의 시대, 조선 지식인의 삶과 공부

가시자 느꼈던 죄책감과 후회 등이 담겨 있다. 역병이 몰고 온 아버지의 죽음은 예고 없이 일어났지만 류의목의 삶을 이전과 달라지게 만든 큰 사건이었다. 아버지가 돌아가시자 류의목은 이제 집안에서 아버지를 대신해야 하는 위치에 서게 되었다. 이제 아명인 팽길을 쓰지 않음을 의미한다. 류의목은 아버지의 장례를 치르는 과정에서 '의목'이라는 이름을 받아 신주에 이름을 적게 되었다(1799년 11월 11일). 생물학적 나이는 중요하지 않았다. 류의목은 더 이상 보호받는 어린 아이가 아니라 공동체의 주요한 역할과 책임을 감당해야 하는 인물로서 대접받고 행동해야 하는 존재가 된 것이다(이우진, 2022).

지금까지 류의목은 집안의 어른들이 주관하는 여러 상례와 제례를 지켜보았지만 자신이 직접 상주가 되어 의례를 진행하지는 않았다. 처음으로 상주 노릇을 해야 했지만 나이가 어린 티를 낼 수 없었다. 가장 노릇을 해야 했기에 상실감과 슬픔에 주저앉을 수 없었다. 남겨진 가족들을 위로하고 풍산 류씨 가문을 계승해야 할 의무를 행해야 했다. 게다가 유학적 관점에 따라 상례는 그간의 공부와 별개가 아니라 공부의 연장이었다. 류의목은 유가의 상례를 하나씩 치르는 동안, 글로 학습한 경전의 내용을 몸으로 체험하면서 유학적 지식을 내면화하였다. 류의목의 사례를 살펴보건대, 조선사회에서는 잦은 전염병의 유행으로 인해 어린 아이들이 일찍부터 삶과 죽음에 대한 철학적 사유를 경험했을 것이다. 과거 시험에 나올 만한 문제는 무엇이고 어떻게 작성해야 합격할 수 있을까? 등의 물음이 아니라, 인간이란 어떤 존재이고 어떻게 살아가야 할지와 관련된 실존적 물음에 답해야 했다. 유학자의 집안에서 태어나 성장했다면 그 물음의 답은 정해져 있다. 유학의 세계에서 삶과 죽음은 하늘의 명으로 이해하여 받아들였다. 그리하여 지인의 죽음을 경험하게 되면 하늘을 원망하기보다, 인간이 할 수 있는 자신의 길을 걸어가야 한다는 삶의 태도를 터득할 수 있었다. 류의목 또한 천명을 부여받은 인간은 그저 묵묵히 자신의 본성을 마땅히 실현하는 일에 종사해야 한다는 사실을 깨달아가는 가운데 소년에서 어른으로 성장해갔다.

> 아침에 창에 기대 홀로 앉았는데 아버지를 여읜 슬픔으로 절로 처연해졌다. 이어서 군자가 힘쓸 바는 반드시 '낙천'이 중요한 것이라는 말이 떠올랐다. 가세가 청빈하더라도 대처함에 태연한 것이 즐거움이며, 기쁜 경사가 거듭되는 것을 보고 기쁜 것이 또한 즐거움이며, 천만 가지 일에 있어서까지 대처함에 중도를 얻는 것이 즐거움이 아닌 것이 없다
> …… 거상 이후로 마음은 슬펐으나 그 즐거움은 일찍이 떨어진 적이 없었다.(『하와일록』, 1801년 2월 15일).

아버지의 죽음 이후 류의목의 일기에는 경전에서 읽은 '낙천'을 자신의 삶에 연결시켜 의미를 해석하고 수용한 대목이 있다(이

우진, 2022). '낙천'은 하늘의 명, 즉 천명을 겸허히 수용하는 가운데 일상에 적극 의미를 부여하는 자세를 의미한다. 이제 류의목은 어린 아이가 아니라 어엿한 유학자가 되었음을 알게 해준다(이우진, 2022). 본인 또한 돌림병에 걸려 지독히 앓다가 살아남은 적도 있었고, 가족과 지인들의 투병과 죽음을 눈앞에서 겪으며 괴로워했다. 이러한 절실하고 고통스러운 경험들은 생채기가 되어 류의목에게 트라우마를 남기지 않았을까? 현대 의학에 따르면 이런 경험들은 미성숙한 어린 아이들에게 외상 후 스트레스 같은 후유증을 남길 가능성이 많다. 그러나 류의목의 일기를 보면 팬데믹 경험을 통해 오히려 마음을 한층 성숙시키고 삶의 의미를 만들어 가는 계기가 되었음을 확인할 수 있다. 후대인의 우려와 걱정과 달리, 10대 류의목은 곧 일상 생활로 돌아와 자신이 해야 할 여러 책무들을 이어 나갔다. 실존적 상황에서도 자신에게 주어진 삶 가운데 의미를 찾을 수 있는 마음의 여유를 갖게 된 것이다.

30대 이후 류의목은 10대에서 20대에 매진했던 과거 공부를 서서히 정리하고 성리학 공부에 전념하기로 뜻을 굳혔다. 류의목은 역병이 유행하고 가족의 죽음을 목도하는 상황에서도 과거 시험을 그만 둔 적은 없었다. 그런 류의목이 더 이상 과거시험에 대한 미련을 버리겠다고 밝히자 그의 스승 정종로는 다음과 같이 그를 설득시키고자 했다. 노인을 봉양하고 있는 처지에 과거를 그만 두기 쉽지 않았겠지만 여러 부형과 어른들이 합격하기를 바랄 테니 생각을 다시 하기를 조언하였다(『입제집』, 권21, 「답류이호」). 그러나 류의목은 34세가 되던 해에 하회 남쪽 삼봉 아래에 남애서 숙이라는 은거처를 짓기 시작해 본격적으로 도학에 매진하였다. 이후 류의목은 위기지학을 온전히 실천함으로써 재야의 학자로 거듭났다. 영남 지역의 문인들과의 교유를 통해 성리학 이론 탐구에 매진하였다.

류의목이 분수에 만족하는 가운데 자신의 삶을 낙관적으로 생각할 수 있었던 배경에는 무엇보다 전염병으로 제 명을 다하지 못한 채 일찍 삶을 마쳐야 했던 아버지의 죽음과 그 영향이 있었을 것이다. 아버지뿐만 아니라 당시 마을 사람들의 갑작스러운 이른 죽음 모두 류의목이 삶의 가치관을 형성하는데 적지 않은 영향을 주었을 것이다. 실존적 경험은 비록 어린 아이지만 주어진 삶 속에서 자신이 할 수 있는 일과 할 수 없는 일을 구분하고 실행하며 순리대로 살아가도록 했다. 트라우마를 겪으며 정신적으로 괴로움을 호소할 수 있을텐데 놀랍게도 류의목의 일기를 살펴보면 이와 거리가 멀었다. 오히려 가족을 챙기고 지역 사회에서 자신의 역할을 고민하는 성숙한 어른으로 성장하였다. 류의목이 질풍노도라는 청소년기를 순조롭게 보낼 수 있었던 까닭은 그가 어린시절부터 읽고 공부했던 유학의 힘이 컸다. 일상 생활에서 자신의 마음을 성찰하는 공부를 지향했기 때문이다. 공부와 삶이 별개가 아니었기에 류의목은 마음의 중심을 잃지 않고 의연하게 어른으로 성장할 수 있었다.

유학자들은 삶과 죽음, 실제와 이념, 삶과 학문을 분리시키지 않았던 유학의 전통 안에서 가난과 병, 죽음은 평생의 결단과 자기 극복을 요구하는 모종의 가치적 영역이거나, 올바른 삶의 원리와 관련된 규범적 차원의 문제였다(김선희, 2013: 124). 공부 따로 삶 따로 식의 이원적 태도는 거리가 멀었다. 공부는 곧 경험(실천)이자 삶이자 성장이었다. 류의목은 역병과 죽음 등의 실존적 경험들을 통해 자신의 공부를 내면화하여 유학자로서 성장을 도모했다. 류의목의 이야기는 오늘날 팬데믹 상황에서 청소년들에게 어떤 삶의 가치를 내면화하도록 지도할 것인지를 고민하게 한다. 일상을 비루하게 여기며 일상 탈춤을 동경한다든지 질병과 죽음에 대한 두려움과 공포를 강조하기보다, 일상 속에서 자신의 마음을 항상 되돌아보고 주체적으로 살아갈 수 있는 자세를 가르칠 필요가 있다. 팬데믹의 상황에서도 아이들은 성장 중임을 잊지 않아야 한다.

3. 최흥원, 혼란 속 효·제를 가르치다

연암 박지원의 『양반전』은 18세기 신분 질서의 동요나 붕괴를 보여주는 자료로 이해되어 왔다. 박지원은 정선 고을의 가난한 양반과 부자지만 괄시받으며 살아 온 평민의 삶을 대비적으로 등장시킨다. 그러나 최근 역사학계 연구에 따르면 『양반전』에 대한 그간의 통념적 해석은 근거 없는 학설임을 알 수 있다(계승범, 2021). 부자 평민이나 노비는 조선 후기뿐만 아니라 그 어느 시기에서도 존재했다. 이들이 경제력 하나로 양반으로 신분 상승하기란 매우 어려웠다. 조선 후기에 가난한 양반들의 비중이 증가했어도 '가난 해도 양반은 양반이었고 아무리 부유해도 상천은 상천이었던' 사회였다(계승범, 2021). 박지원이 『양반전』을 저술한 이유는 양반의 쓸모없음을 주장하기 위해서가 아니라 양반의 쓸모가 어디에 있는지를 제대로 상기시키기 위해서였다. 즉 글 읽고 쓸 줄 아는 유식한 양반이라면 응당 백성과 나라를 위해 해야 할 사회적 책무, 즉 경제지사(經濟之士)로서의 가치를 일깨우기 위해서였다. 이처럼 양반의 유능함이란 경제적 부유함으로 증명되는 것이 아니었다. 사회 구성원을 교화할 수 있는 맑고 깨끗한 정신과 지적·정치적 교양의 유·무로 평가받았다. 그러니 양반의 가난함은 비난받을 일이 아니었다. 이 시기를 살았던 대구 지역의 양반 최흥원은 가난하지만 존경받고자 노력했던 양반의 삶을 보여준다.

최흥원(崔興遠, 1705~1786)의 자는 태초(太初), 호는 백불암(百弗庵)이며 경주 최씨 광정공파이다. 대구 팔공산 자락의 칠계(옻골)에 살았기 때문에 칠계선생이라 하였다. 대산 이상정, 남야 박손경과 더불어 영남삼로(嶺南三老)라 불렸다(조정현, 2018). 최흥원은 17세에 일직 손씨와 혼인하여 1남 1녀를 두었다. 36세에 아내가 사망하자 재혼하지 않고 평생 아내와의 의리를 지키며 노모와 자녀들 뒷바라지에 충실하였다. 정조 임금은 최흥원이야말로 영남 선비의 전형이라며 팔십이 다 된 최흥원을 직접 만나고 싶어 한양으로 거듭 부르기도 했다(『정조실록』 1783년(정조 7년) 2월 19일). 현재 대구 동구에는 농연서당(聾淵書堂)과 부인동동약공전비(夫仁洞 洞約 公田碑)가 남아 있어 최흥원의 발자취를 확인할 수 있다.

그림 4 대구 옻골마을 옛 담장

소재지: 대구 동구 옻골로 167, 등(둔산동)
출처: 문화재정국가문화유산포털 https://www.heritage.go.kr

최흥원은 마을민의 교화와 문중 교육에 힘쓴 것으로 알려져 있다. 그가 교육사업에 노력한 배경에는 선대들의 모범적 사례가 있었다. 최흥원의 조상들은 대개 무과에 급제하여 무인으로 활동 하였다. 광정공파의 파조인 최단은 고려말 위화도회군에 참여한 공로로 개국 원종공신에 녹훈되었다(『태조실록』 1393년(태조 2년) 7 월 22일). 임진왜란 때 대구의 의병가장으로 차출되었던 최계를 비 롯하여 당시 광정공파 출신들은 다수의 적을 제압하는 공로를 세

위 충신으로 공로를 인정받았다(정진영, 2001). 최계는 가풍을 문인 성향으로 바꾸기로 결심하고 두 아들을 한강 정구에게 수학시키면서 문과적 소양을 기르는 데 중점을 두었다.

최흥원의 삶을 이해하는 키워드를 꼽자면 영남 출신의 남인과 전염병이다. 최흥원이 대부분의 생애를 살았던 영조 대는 남인들이 정치적으로 출사하기 힘든 시절이었다. 소수의 노론이 정권을 장악하면서 대부분 영남 출신인 남인들은 정권에서 철저히 배제되었다. 이십 대 청년 시절 최흥원은 어릴 적부터 해 온 과거 공부를 깨끗이 접었다. 대신 향촌 사회에서 지식인으로서 존경받는 삶을 선택했다. 최흥원은 명예와 권력을 부질없이 좇는 삶을 멀리하고 자신과 가족에게 부끄럽지 않은 어른으로 살아가고자 했다. 하지만 향촌에서 조용히 공부한 바를 실천하고 제자를 가르치는 삶도 쉽지만은 않았다.

최흥원이 주로 살았던 영조대는 전국적으로 역병의 유행이 거셌던 시기였다. 원인은 17세기를 전후로 전세계적으로 닥쳤던 이상기후가 컸다. 소빙기(little ice age)로 불리는 이 시기는 여름과 겨울의 기온이 다른 해보다 낮아 이상 재해 현상이 극심한 특징을 보였다. 겨울은 물론이고 여름에도 강원도 바닷물이 얼을 정도였다. 이 시기에 1700년대 유럽에서는 흑사병이 유행했고, 조선 역시 17세기에 소빙기의 영향이 절정에 달했다(김덕진, 2008). 넷플릭스 킹덤 시리즈의 배경으로 알려진 현종 대의 경신대기근 (1670~1671)과 숙종 대의 을병대기근(1695~1696)이 바로 이 시기에 해당했다. 이상기후의 여파로 인한 재해는 전국적으로 역병의 유행을 일으켰고 영조 대에도 전대미문의 참상이 이어졌다. 최흥원은 대구에 평생 살며 1736년에서 1786년까지 약 50년 동안 자신의 일상을 일기에 기록했다. 책력에 기록해서 『역중일기(曆中日記)』라 불린다.[3] 여기에는 당시 역병 유행 속에서 마을민들이 어떻게 상호 교류하며 지냈는지를 자세하게 확인할 수 있다.

1737년 봄의 일기는 농민들의 희망을 앗아간 극심한 가뭄, 천연두의 유행으로 시작했다. 3월 28일의 일기는 역병이 동네에 유행하기 시작했음을 직감한 최흥원의 심경을 담고 있다. 인근 마을에 사는 지인 서규징의 경우 집안에 초상이 나자 홍역에 걸린 아이를 밖으로 피접시켰다. 이에 최흥원은 '의롭다'며 서규징의 대처를 칭찬하였다. 그런데 얼마 안 있어 홍역에 걸린 아이를 집에 몰래 들인 사건이 일어났다(1737년 4월 1일). 최흥원은 "사람은 참으로 믿을 만한 것이 못 된다"고 말할 정도로 격한 감정을 드러냈다. 사태의 심각성을 바로 인식한 최흥원은 곧바로 자가격리용 임시 숙소를 지었다. 피우소라 불린 임시 막사는 집집마다 지어졌다. 최흥원은 볼 일을 보러 외출했을 때 바로 집으로 들어가지 않고 피우소로 갔다. 최흥원은 천연두가 극심하게 유행하는 상황에서 왕래하는 것에 큰 부담을 느꼈지만 사회적 역할이 있어 마냥 집에만 있을 수 없었다. 제사와 상례 같은 일상의 의례를 포기할

---

3   이하 『역중일기』는 장재석 외 역(2017, 한국국학진흥원)을 인용하였다.

수 없었고 마을의 어른으로서 잡다한 일들을 처리하기 위해 지인들을 만나야 했다. 다만 증상이 나타날 수 있으니 병로하신 어머니를 비롯해 다른 가족들을 배려하기 위함이었다. 잇달아 마을 사람들이 천연두에 걸리자 어머니를 제외한 가족 모두가 막사에서 생활했다. 어머니에게 옮길까봐 걱정했기 때문이다. 최흥원은 어머니와 편지를 주고 받으며 소식을 알 수 있었지만, 직접 돌보지 못한다는 생각에 몹시 애통해했다. 이 상황에서 『서애집』 네 권을 구해 온 것이 인상적이다.

그 해 7월의 일기를 보면 가뭄도, 천연두도 전혀 나아질 기미를 보이지 않았음을 알 수 있다. 게다가 마을의 소와 말들도 전염병에 감염된 상황이었다. 흉년까지 겹쳐 마을민들이 동요했다. 최흥원은 날로 인심이 나빠지는 게 어쩔 수 없다며 "사는 것이나 죽는 것이나 다르지 않으니 애통하다(1737년 8월 15일)"며 답답한 심경을 드러내기도 했다. 일상화된 자연재해와 전염병의 거듭된 유행은 최흥원뿐만 아니라 대부분 가난과 굶주림에 시달리게 했다. 불확실한 상황이었지만 이런 일이 하루 이틀이 아니었기 때문이었는지 틈나는 대로 자신의 역할을 행했다. 노모를 봉양하고 어머니를 잃은 자녀들을 교육하고 결혼하여 분가한 두 동생들을 챙겼다. 여건이 마련되는 대로 아이들의 공부에 필요한 붓과 종이, 양식 등을 때에 맞춰 보냈다. 최흥원은 막내 아우가 과거를 보러 거쳐야 하는 동네에 전염병이 유행하는 지를 미리 알아보고 길을 나서는 것을 적극 만류하기도 했다. 친척이나 지인이 방문하면 재위 주웠으나, 낯선 외부인이 찾아와 도움을 요청하면 처지를 안타까워하면서도 전염병을 걱정하며 경계하기도 했다(1737년 9월 23일). 천연두의 유행은 이듬해에도 계속 되었다. 일년 넘게 수시로 피우소를 옮겨 다니며 지내야 했다. 9월이 되어서야 피우소 생활을 청산하고 집에 들어갈 수 있었다.

최흥원의 살림살이는 여유롭지 않았지만 성리학과 관련한 책들을 소장하고 있었다. 지인들이 최흥원의 집에 들려 책을 빌려가거나, 같이 토론하기도 했다. 전염병이 잠시 수그러들 때는 아이 용령을 불러 강독하게 하거나 공부의 진행 상황을 점검하며 진도를 챙겼다. 모친의 병환이 낫지를 않자 의원에게 직접 『동의보감』 21책을 빌려왔다.

> 맑음. 어머니의 환후는 다행히 어제와 같았으나 아이의 병은 이미 어쩔 수 없게 되었다. 아이가 어미를 잃은 뒤로부터 근근이 지금까지 지탱하여 오다가 우연히 병을 얻어서 끝내 구하지 못할 지경에 이르렀으니, 이 무슨 참혹한 재앙이란 말인가. 창자가 끊어지는 듯 하였다. 오후에 결국 요절하였다. 나도 모르게 목 놓아 통곡하였다(1741년 6월 21일).

1741년(영조 17년) 마을에 천연두가 유행하기 시작했다. 그 전해, 최흥원은 아내와 사별하는 아픔을 겪었다. 아직 아내를 잃은 슬픔이 가시기도 전에, 어머니를 일찍 잃어 안쓰러웠던 큰 아들

용장이 고열과 설사로 몸을 못 가누더니 결국 죽었다. 최흥원은 일부러 전염병을 피하고자 용장을 다른 곳에 피접하게 했는데, 이 때문에 용장이 병에 걸렸다며 매우 자책했다. 유학자답게 평소 감정을 잘 드러내지 않았던지라, 최흥원이 아들을 잃고 통곡하는 장면은 그래서 더욱 애절하다. 최흥원은 용장을 죽은 아내 묘소 옆에 묻었다. 계절이 바뀌어도 최흥원은 피우소를 오고 가며 지낼 만큼 천연두가 곳곳에 계속 유행하였다.

최흥원은 자연재해와 전염병으로 마을민들이 고생하는 상황에서 1738년(영조 14년) 집 근처 부인동(夫仁洞)에서 향약을 시행하고자 그 절차를 계획했다. 그의 나이 38세였다. 부인동 동약을 실시한 목적은 양반중심 촌락사회의 안정을 도모함에 있었다(정진영, 2001). 팬데믹 속에서 마을민의 동요를 가라앉히고 사회 질서의 안정을 전제로 한다는 점에서 후대인의 관점에서 보자면 한계가 명확한 정책이다. 유학의 세계를 이상 사회로 여긴 최흥원에게 향약은 마을민을 교화함으로써 이상 사회를 지켜낼 최선의 방법이었을 것이다. 모든 절차는 한 번에 결정되기보다 여러 사람들의 의견을 수합하고 하나씩 개선해가는 방식으로 진행되었다. 최흥원은 동약에 따라 동네의 효자와 열녀 및 불효와 친척 간의 불화를 각각 장부에 적어올려서 상과 벌을 주었다(1741년 9월 9일). 불효자가 나오면 마을 사람들이 이들을 징계하고 격려하기 위해 모두가 모였다. 중간에 선공고(先公庫)와 휼빈고(恤貧庫)를 실시해 마을민들의 세금 부담을 줄여주었다. 모임에 불참하거나 동약을 지키지 않는 이들이 나오면서 최흥원은 실망을 하기도 했지만 그가 죽을 때까지 지속하였다.

　해가 바뀌어도 전염병의 기세는 끊기지 않았다. 집안 여기저기 천연두에 걸렸다는 소식이 전해지고 마을의 인심이 많이 동요한 뒤숭숭한 분위기였다. 아내가 죽었어도 평소처럼 살갑게 지내온 장모님도 끝내 천연두를 못 이기고 돌아가셨다. 고약하게 자신과 주변 사람들을 괴롭히는 전염병의 끈질김에 최흥원도 마음이 흔들렸다. 그럴 때마다 최흥원은 아우들과 환난을 함께 대처할 생각을 하며 위안을 받았다(1742년 2월 10일). 최흥원은 재열(再悅), 흥점(興漸), 흥건(興建), 흥후(興厚) 등 남동생 넷과 여동생 한 명을 둔 장손이었다. 재열은 일찍 사망하고 나머지 동생들은 결혼 후 분가하였다. 최흥원은 동생네 가족과 자녀들 모두 애틋한 애정을 주었다. 최흥원은 아우 가족들을 비롯해 식구들을 피접시키기도 하면서도 집안의 어른으로 자제들의 교육에 신경을 써야 했다.

　　내가 자제들을 종종 지나치게 책망하여 자제들 중에 은정을 상하는 경우가 많다. 이는 나의 기상이 남들의 마음을 기쁘게 해주지 못하는 데다가 말을 삼가면서 자제들을 따르도록 하는 데 미진한 점이 있기 때문에 지극한 정분을 나누어야 할 사이가 이토록 뒤틀어지게 만든 것이다. 지금부터는 그야말로 통절하게 경계하고 반성해야 할 것이다(1742년 1월 23일).

조선 후기에는 유학자가 후학 양성뿐만 아니라 집안 자질의 일과 지도에도 적극적으로 관여하는 경우를 찾아볼 수 있다. 조선 시대에 배움의 출처는 다양했지만 학문의 토대를 형성하고 인생의 지향점을 설정하는데 가학은 배움의 출발점이었다(한민섭, 2007). 대표적으로 문중의 자제들을 가르치기 위해 종학당을 세우고 엄격한 종법을 정해 본격적으로 자제 교육을 행한 노성 윤씨 가문이 있다(송수진, 2014). 사방에 천연두가 유행해 너무 시름겹고 마음이 어지러운 가운데 최흥원은 가문의 입지를 다지기 위해 동생들과 친척들을 챙겼다. 양식이 떨어져 빚을 지고 있는 사촌 동생에게 함께 살자고 권유하기도 하고, 자신에게 음식을 챙겨주는 이웃으로 위안을 얻기도 한다. 무엇보다 가문의 입지는 자제들의 교육에 달려있었다. 최흥원 문중은 종회를 열어 문중이 공부할 수 있는 서당을 세우기로 한다(1742년 2월 15일). 최흥원은 유사로 추대받았고 절목을 작성하였다. 최흥원은 틈틈이 아들과 사촌 동생, 조카들에게 『대학』, 『중용』 등을 가르쳤다. 한번은 용채가 구두시험을 보다가 성적이 좋지 않자 매질을 하고 엄하게 꾸짖자 맨발로 비가 오는데 뛰쳐나갔다(1742년 5월 25일). 최흥원은 역병이 유행하는 상황이라 아이가 걱정되어 찾아보았다. 최흥원은 학업의 성취가 보이면 매우 기특하고 사랑스러움을 감추지 않았다.

한편 일 년 넘게 마을에 역병이 유행하면서 민심이 동요했다. 최흥원도 계속되는 역병과 자신의 병치레에 "문득문득 살 마음이 한 푼어치도 없어졌다"라며 괴로워했다(1742년 9월 7일). 그러나 이를 어떻게 할 수 없으니 이러지도 저러지도 못한 채 마음 아프며 인내할 뿐임을 일기에 토로한다. 이런 와중에 최흥원은 『성리대전』을 읽고 한 구절이 실천하기에 절실하다 여겨 책력에 적어두었다(1743년 5월 4일). "거경하여 그 근본을 확립하고 궁리하여 그 앎을 이룬다. 극기하여 그 사사로움을 없애고 존성하여 그 실질을 이룬다"로 '도통설(道通說)'에서 인용한 것이었다.

최흥원이 일생동안 추구한 가치는 '효'와 '제'였다. 특히 형제자매들의 가족도 똑같이 챙기면서 가족이 흔들리는 것을 경계했다. 최흥원이 마을민과 자제들에게 우선적으로 강조한 것도 효제였다. 조선시대에는 매일 학교를 등교하지 않아, 가족과 마을의 어른들의 평소 가르침과 모범이 배움에 있어 비중 있게 차지했다. 최흥원은 자제들을 가르칠 건물 같은 물리적 환경과 그런 뒷바라지에 대한 언급을 하지 않았다. 자제들은 때로는 전염병을 피해, 조용한 인근 동화사 등의 사찰을 옮겨 다니며 공부를 했을 뿐이다. 매질을 엄하게 하면서도 자제들이 공부하는 모습에는 기쁨을 감추지 못했다.

코로나 19가 유행하는 동안 학교가 문을 닫았다. 코로나는 학력 격차를 심화시켰다. 사교육은 계속 진행되었다. 그 과정에서 아동학대 등 가정 내 폭력 문제에 대한 우려의 목소리도 커졌다. 사회적 거리두기가 진행되는 동안, 이웃은 격리되어야 할 대상이 되었다. 이 기간 동안 우리는 아이들에게 무엇을 지도했는지를 생각해봐야 한다.

제4부

관료 지식인,
백성을 적극 구휼하다

1. 김계휘, 머리와 수염이 하얗게 변했던 까닭

조선의 유학자들은 인간 각자가 가지고 있는 선천적인 학습능력의 차이나 도덕적 품성의 차이에서 통치의 근거를 구하였다(정순우, 2013). 백성은 어둡고 어리석어서 의혹되기는 쉽고 기본적으로 스스로 사리를 판단할 수 있는 능력이 없다는 우민관(愚民觀)이 자리잡고 있다(『삼봉집』, 권3, 「상정달가서」). 그렇다고 절대 다수에 해당하는 민을 힘으로 복종시키는 것은 유학의 정치와 거리가 멀다. 유학은 민본주의에 통치의 정당성을 주장하기 때문이다. 정도전은 "백성(下民)은 지극히 약하지만 힘으로 위협할 수 없고, 지극히 어리석지만 지혜로써 속일 수 없는 것이다. 그들의 마음을 얻으면 복종하게 되고, 그들의 마음을 얻지 못하면 배반하게 된다. 그들이 배반하고 따르는 그 간격은 털끝만큼의 차이도 되지 않는다(『삼봉집』, 권13, 「조선경국전 상」, 정보위)."라고 하여 백성들의 자발적인 동의가 통치 체계의 전제가 된다고 보았다. 조선 왕조의 위민정치의 특징은 백성을 이중적인 존재, 즉 주체적인 존재가 못되면서도 국가의 근본이 되는 존재로 설정한 것에 있다. 따라서 향촌 사회에서 수령은 군주를 대신해 마을민을 통치하고 보호하며 교화할 권리와 책임을 지녔다.

조선왕조는 『경국대전』의 체제를 마련하는 과정에서 국초부터 수령에 대한 평가와 상벌을 엄격하게 규정하였다. 관찰사는 해마다 6월 15일과 12월 15일에 수령의 등급을 위의 규정에 따라 평정하여 임금에게 보고해야 했다(『경국대전』, 권1, 「이전」). 평가 내용과 기준은 태종 때 제정된 수령칠사(守令七事)였다. 그러나 외관직에 해당한 수령은 부임된 고을에 가족을 데리고 갈 수도 없었으며 여러모로 몸과 마음이 불편한 자리라 기피하는 자리였다. 게다가 임명된 모든 수령이 유학적 이상에 성실히 동참하지 않았다. 조정에서도 성실한 수령은 열 명 중에 2~3명도 안 된다는 여론이 제기되고 탐오하고 태만한 수령을 파직하라는 지시는 끊이지가 않았다(『성종실록』 1470년(성종 년1) 6월 2일).

백성을 마냥 어리석은 존재로만 여겨 책임은 버리고 특권을 내세우는 수령들이 문제였다. 그 중 청백리의 반대말인 탐관오리가 대표적이다. 비록 가공의 인물이지만 『춘향전』의 변학도는 탐관오리의 전형적 인물로 묘사된다. 탐욕이 많아 백성을 가혹하게 부린다. 탐관오리의 행실을 설명할 때 가렴주구(苛斂誅求)라는 사자성어를 사용한다. 권력이 있는 한, 탐욕스러운 관료들은 아주 오래전부터 존재해왔다. 오죽하면 '가혹한 정치보다 사나운 호랑이가 더 낫다'는 가정맹어호(苛政猛於虎)라는 말이 있었을까. 무명의 전봉준을 녹두장군으로 봉기하게 만든 사또 조병갑 같은 탐관오리들은 이름 없이 살다 죽었던 수많은 백성들을 절망에 빠뜨렸다. 현실에서 이들은 호의호식하며 제대로 처벌받지도 않은 채 선정비까지 세우면서 끝까지 백성들의 원망을 샀다. 하지만 백성들의 원성에 귀를 닫고 지낸 부패한 관료만 있었던 것이 아니었다. 선정비를 남기지 않은 채 선정을 했던 지방관들이 있었기에 열악한 환경에서도 백성들은 어떻게든 또 살아갈 수 있었다. 이들 지방관들은 기본적으로 유학적 세계관에 기초하여 정사에 임하였으며, 집안 대대로 성리학에 기반한 정치-학문-교육에 관한 신념과 가르침을 가학(家學)으로 전수할 수 있었다. 그 중 대표적인 집안이 김계휘(金繼輝, 1526~1582)-김장생(金長生, 1548~1631)-김집(金集, 1574~1656)으로 이어지는 가문이다.

그림 5 김계휘신도비

소재지: 충남 논산시 연산면 고정리 13-1번지
출처: 문화재청 국가문화유산포털https://www.heritage.go.k

김계휘의 자는 중회(重晦), 호는 황강(黃崗)으로 충청도 연산의 광산김씨 집안이다. 고봉 기대승의 친구, 사계 김장생의 아버지이자 신독재 김집의 할아버지로 더 많이 알려져 있다. 1549년(명종 4) 식년문과에 급제하고 30년 가까이 관직에 재직하였다. 김계휘는 이조참의, 예조참의, 황해도·경상도·전라도 관찰사 등을 역임했다. 평생을 관료로서 현장 실무에 힘썼다. 김계휘의 영향을 받아서인지 김계휘의 후손들인 김만길, 김진귀, 김보택·김조택, 김상익, 김문현, 김명수 등이 모두 전라도 감사를 역임했다. 김계휘의 졸기 중 "정사를 처리하는 데 민첩하여 경국제세(經國濟世)의 재주를 지녔다(『선조수정실록』 1582년(선조 15년) 4월 1일)."란 평가가 인상적이다. '경국제세'란 나라를 다스리고 백성을 구제한다는 뜻이다. 나라를 다스려 백성을 편안하게 한다는 '제세안민(濟世安民)'과 같은 뜻이다. 김계휘가 이런 평가를 받을 수 있었던 배경에는 아랫사람에게 일을 떠넘기지 않고 본인이 솔선수범하여 일을 관리했기 때문이다.

전 참의 김계휘를 경상도 관찰사로 삼았다. 영남은 땅이 크고 사람이 많아 행정 처리가 느렸는데 계휘는 입으로는 응대하고 손으로는 쓰면서 일을 물 흐르듯 처결하였으므로, 말하는 자들이 그를 남조 송의 유목지에 견주었다. 처음 경상도에 이르렀을 때 아전이 10개 읍의 군부를 올리니 계휘는 한 번 열람하고 치웠다. 얼마 후에 아전이 한 고을의 장부를 잃어버려 그 고을에 있는 장부를 다시 올리게 하려 하자, 계휘는 서슴지 않고 아전에게 붓을 잡으라고 명하고서 그 장부를 입으로 부르는데 한 글자도 착오가 없었다. 백성이 소첩을 올린 날짜와 이름자를 모두 암기하고 있었으므로, 나중에 그것을 다시 올린 자가 있으면 출두시켜 꾸짖기를, '너는 몇 월 며칠에 이 장소를 올렸는데 이제 어찌 재차 올렸느냐.' 하였다. 민간에서는 그 말을 듣고 관찰사는 신명하여 속일 수 없다고들 하였다. 그리하여 동헌 뜰에는 미결된 백성이 없고 탁자 위에는 적체된 문서가 없어 치적이 여러 도 중에 으뜸이었다(『선조수정실록』 1573년(선조 6) 10월 1일).

그는 이처럼 한 번 귀로 듣고 눈으로 본 것은 아무리 시간이 지나더라도 미세한 사항까지 기억할 정도로 꼼꼼하게 일을 처리했다. 성실한 근로 태도는 역병의 유행 상황에서도 변함이 없었다. 그가 관서지방의 관찰사로 부임했을 때였다. 정축년의 기근과 역병은 실록에도 기록될 정도로 피해가 컸다. 기근과 역병이 함께 닥치면 면역력이 떨어져 사망자도 그만큼 늘어나게 된다. 백성들뿐만 아니라 관찰사들도 부임 지역에서 역병에 걸리는 경우가 많았다. 공포와 절망이 휩쓰는 상황이었지만 김계휘는 개인적 감정을 절제하며 자신의 본분을 놓지 않았다. 기록에 따르면, 김계휘는 "밤낮으로 구제할 방법을 모색하고 집집마다 온전하게 될 수 있도록 한 사람이라도 살리고자 치료 사업에 힘쓴 나머지 머리와 수염이 모두 하얗게 변할" 정도였다(『간이집』, 권2, 「대사헌 김공(金公)의 신도비명」). 김계휘는 앉아서 글만 보고 입으로만 지시하지 않고 현장을 직접 부지런히 뛰어다니며 전염병 상황을 민첩하게 처리하였다. 당시 "백성을 생각하는 마음이 전혀 없어 수수방관할 뿐 털끝만큼도 움직이지(『대산집』, 권13, 「이이경에게 보냄」)" 않는 지방 수령들에 대한 비난이 끊이지 않았음을 상기한다면, 김계휘의 처신을 기억할 필요가 있다. 짧은 일화만 보더라도 그의 졸기에 기록된 평가가 거짓이 아니었음을 확인할 수 있다.

위급한 상황에서의 김계휘의 처세는 그가 지향한 수기-치인의 공부가 헛되지 않았음을 보여준다. 그의 공부가 이론에 그치지 않고 단단할 수밖에 없었던 것은, 당시 전쟁, 기근, 지도층의 기강 약화 등의 사회 문제를 외면하지 않고 진정성 있게 고민한 결과였다. 김계휘는 구봉 송익필(宋翼弼, 1534~1599), 율곡 이이(李珥, 1536~1584) 등 당대 최고의 학자들과 돈독하게 교류하면서 시대적 상황을 개선하기 위해 동참했다. 그리고 김장생-김집으로 가학을 전함으로써 17C 예학을 부흥시키는 데 일조하였다. 안타깝게도 김계휘는 선조 15년 예조참판으로 석강에 입시하던 중 갑자기 중풍으로 쓰러져 사망했다. 생전에 김계휘는 선조들이 물려준 재산 외에는 한 사람의 노비나 한 이랑의 땅도 늘린 것이 없을 정도로 검박한 삶을 살았다. 조선 시대에 가난한 양반이라고 자처하는 이들이라도 대대로 물려받은 노비나 땅이 있는 경우가 많았다. 특히 재산을 불러 줄 노비를 소유했다는 것만으로 그럭저럭 이상으로 생활할 수 있었다. 그럼에도 김계휘는 재산이 더 이상 늘지 않았다는 점에서 청렴 검소하게 생활했음을 확인할 수 있다.

2005년 어느 여론조사에 따르면 대학생이 대통령을 위한 올해의 사자성어로 '경국제세'를 뽑았다(대통령을 위한 사자성어 1위 '경국제세'). 메이지 유신 때 영어 'economy'를 '경세제민', '경국제세'의 약자인 '경제(經濟)'로 번역하였다. 유학의 이상에 따르면 경제는 백성이 편안하게 살아가도록 해주는 것으로 경제라는 용어에는 정치가 연관될 수밖에 없다. 경제 뿐만 아니라 삶의 대부분의 영역이 정치의 영역에 관련한다. 예나 지금이나 백성이 정치인들에게 바라는 딱 한 가지는 바로 경제를 안정시켜 자신들의 삶을 편안하게 해주는 것이다.

2. 김육, 제인(濟人)의 마음으로 전염병 상황을 구제하다

잠곡 김육(金堉, 1580~1658)의 본관은 청풍이고, 자는 백후(伯厚), 아호는 잠곡(潛谷)이다. 어머니 한양 조씨와 아버지 김흥우 사이에서 태어났다. 1624년(인조 2년), 45세의 나이로 문과에 급제하여 벼슬길에 나아간 이후로 인조와 효종 대에 걸쳐 문신으로 활동했다. 57세에는 약 1년에 걸쳐 명나라 황제의 생일을 축하하기 위한 성절사의 자격으로 북경을 방문했다. 당시 명나라는 병자호란 (1636~1637) 직전이라 조선이 명 왕조에 보낸 마지막 사절단이었다. 김육은 당시 사행에서 보고 겪은 바를 『조천일기(朝天日記)』의 형식으로 남겨두었다. 무엇보다 그는 기득권의 격렬한 반대에도 불구하고 대동법을 시행한 개혁관료로 알려졌다. 김육은 도학(道學)의 시대에 민생과 실용을 강조하며 꾸준히 정책을 개선했던 제도개혁가였다(이경구, 2009). 노년의 김육은 우의정, 좌의정, 영의정 등 주요 관직을 역임했으며 훗날 숙종 임금의 외증조부가 될 만큼 권력의 정점에 있었다. 하지만 김육의 일생이 처음부터 순탄했던 것은 아니었다. 그의 삶에는 몇 가지 파란만장한 고비가 있었다. 대부분 자신의 의지와 상관없이 겪어야 했던 것들이다.

아직 걸음마를 떼지도 못한 유아기에는 전염력이 매우 높은 소역(小疫, 홍역)과 대역(大疫, 천연두)에 연달아 걸렸다(『잠곡유고』, 「잠곡연보」). 숙종의 첫 번째 부인인 인경왕후가 천연두에 걸려 20세의 젊은 나이에 세상을 떠났을 만큼, 당시 치사율이 높은 전염병이었다. 40도에 이르는 고열 증상은 기본이고 심한 경우 폐렴 등의 합병증이 따라온다. 어른도 걸리면 몸이 상하는 만큼, 면역력이 약한 유아들은 훨씬 가혹하게 앓았다. 조선 시대에는 이러한 연유로 태어난지 21일이 되는 삼칠일 전에 전염병에 걸려 죽는 아기가 많았다. 태어날 때 어머니로부터 받은 면역력이 없어졌기 때문이다. 그러니 과거 조상들이 산모가 아기를 낳으면 금줄에 살균 작용이 있는 숯덩이를 꽂고 대문에 걸어 사람들의 출입을 통

역병의 시대, 조선 지식인의 삶과 공부

제한 까닭이었다. 그렇게 무사히 삼칠일을 넘겨도 돌이 되기 전에 죽는 경우도 많았다. 그나마 한 가지 다행스러운 점은, 한 번 걸려 살아남으면 면역이 생겨 이후 가볍게 지나갈 수 있다는 것이다. 이 고비를 잘 넘긴 덕분에 김육은 80세 가까이 무탈할 수 있었다.

그림 6 김육비

소재지: 충남 아산시 신창면 읍내리 310-1

출처: 문화재청 국가문화유산포털https://www.heritage.go.kr/

김육의 인생살이를 어렵게 만든 것은 그의 가계가 결정적이었다. 1519년(중종 14) 기묘사화가 발생했다. 기묘사화는 조광조, 김식 등 급진적인 개혁정치를 추구했던 신진 사림의 핵심 인물들이 반대파에 의해 희생된 사건이다. 불교 사회였던 고려와 달리, 조선 왕조는 유학 이념을 일상 생활에까지 실천하는 것을 국가 방침으로 세웠다. 그러나 왕조가 바뀐다고 하루 아침에 유교 사회로 변할 수는 없었다. 수십 년 아니 수백 년에 걸쳐 오랜 유교화 과정이 필요했다. 정치 분야도 마찬가지였다. 연산군, 중종 반정 등의 사례가 반증하듯 힘의 논리가 지배적이었다(계승범, 2014). 신진 사림들은 힘의 논리에 의한 정치가 아닌, 성리학을 뿌리 깊숙이 실천하는 이상적인 정치를 내세웠다. 조선이라는 나라를 하드웨어만 유교를 흉내 내는 것에 그치지 않고 소프트웨어까지 철저히 유교 사회 국가이기를 꿈꾼 것이다. 그러나 개혁보다는 안정을 추구하는 세력의 대응도 만만치 않았다. 이에 정치적 위협을 느낀 훈구파들은 조광조 세력들이 다시는 회생할 수 없도록 죽이거나 귀양보냄으로써 조정에서 철저히 몰아냈다. 이 일로 고조부 김식은 유배 중 자결하였고, 조광조는 유배 중 사사되었다. 기묘사화 이후로 관련된 인물들의 후손들은 훗날 조상들이 복권될 때까지 과거에 응시할 수 없었다. 그런데 김육은 누구인가? 김육은 바로 김식의 고손자이자 조광조 동생인 조승조의 증손자였다. 명문가로 존경받았던 김육의 가계는 오랫동안 정치·사회·경제적으로 몰락하게 되었다.

선조 원년, 기묘사화 관련 인물이 복권되면서 김육의 집안에 일시 희망이 보이기 시작했다. 김육의 할아버지 김비는 과거에 응시하지는 않았지만 말년에 수령으로 재직할 수 있었다. 김비가 평안도 강동에 임명되자 김육도 따라가 지산 조호익에게 수학하기도 했다. 김육의 나이 9세였다. 김육의 아버지 김흥우가 과거에 응시하면서 가문의 기대가 커졌다. 그러나 할아버지가 수령 재직 중 돌아가시고 얼마 못 가 임진왜란이 발생하였다. 그의 나이 13세였다. 게다가 전란 중 아버지가 31세의 젊은 나이에 돌아가시면서 김육은 10대 가장이 되었다. 김육은 어머니, 할머니, 동생들을 이끌고 피난해야 했다. 피난 중 할머니, 어머니마저 돌아가셨다. 어머니의 상까지 다 마치고 나자 23세였다. 13세에서 23세까지 약 10년 가까이 전란에서 살아 남아 가족들의 초상을 치러내야 했다. 당시 제 수명을 못 살고 일찍 사망하는 일은 비단 김육 일가만의 해당 사항은 아니었다. 기근, 전염병, 전쟁 등은 병치레와 죽음을 일상으로 만들었다.

김육은 26세가 되어서야 소과에 합격해 성균관에 입학할 수 있었다. 김육은 그제서야 순탄하게 공부에 전념할 수 있었다. 그러나 이 또한 오래 가지 못했다. 광해군이 집권하자 1610년(광해군 2) 성균관 유생들은 오현(五賢)을 문묘에 종사해달라는 청을 요청했다. 김육은 유생을 대표하여 상소의 대부분을 작성하고 학생들을 이끌었다. 더 나아가 자신의 스승이었던 우계 성혼이 임진왜란 때 선조 임금에게 불손했다는 모함을 풀어달라는 상소를 올렸다(『잠곡유고』, 「잠곡연보」). 이듬해에는 정인홍이 오현 가운데 회재 이언적과 퇴계 이황을 모함했던 일을 빌미로, 김육은 정인홍을 성균관 유생들의 명부인 청금록에서 삭제하는 일에 앞장섰다. 정인홍은 북인으로 광해군 정권에서 실세에 해당하는 인물이었다. 이 일로 광해군이 격노하며 일의 주동자를 찾아내라 하자 김육은 자수하고자 했다. 이덕형과 이항복의 만류와 도움으로 간신히 수습되고 무탈히 넘어가는 듯 했다.

하지만 얼마 안 가 계축옥사(광해군 5)가 발생했다. 정치적 혼란이 거듭되자 34세의 김육은 공부를 그만 두고 경기도 가평 잠곡 청덕동 산골짜기에 가족들을 데리고 내려가 은거하기 시작했다. 물러 받은 땅이나, 노비가 없어 김육은 이때부터 10년 동안 직접 농사를 지어 식구들을 부양하였다. 이 시기 아들 셋과 딸 하나를 낳았으나 두 아들, 김좌명과 김우명을 제외하고 만 세 살을 살지 못하고 요절했다. 농한기에는 직접 숯을 구워 서울로 지고 나르기도 했다는 일화가 전해질 정도로 김육은 육체적 노동을 마다하지 않고 민생을 경험했다(이경구, 2009). 잠곡 시절 동안 김육은 고된 노동 중에도 다양한 분야의 책을 섭렵했다(이정철, 2020). 이러한 삶은 44세, 인조가 반정으로 등극하면서 유일(遺逸)로 선발되어 의금부 도사에 제수될 때까지 이어졌다. 김육은 다소 늦은 나이에 관직에 입문하였지만, 이후 대동법과 시헌력을 실시하는 등 죽기 전까지 개혁 정치가로서 활발하게 활동하였다.

김육의 지난한 삶은 정치적 시련이 결정적이었지만 가난, 기근, 전염병 같은 일상적 고난들도 만만치 않았다. 아들 김좌명처럼 천연두에 걸렸어도 다행히 살아남은 이도 있었지만, 자식과 손자 등 많은 가족들이 제대로 먹지도 못하고 병에 걸리는 바람에 제 명대로 살아남지 못했다. 괴로운 시기에서도 김육은 사람의 수

명을 단축시키는 요인들이 어느 한 가지라기보다 복합적임을 이해했다. 가난과 기근이 맞물리면 역병이 유행할 수밖에 없다고 여겼다. 게다가 가난과 기근은 천재지변이 아니라 인재에서 많이 비롯된다고 보았다. 이러한 깨달음은 김육 본인의 경험에서 우러나온 것이었다. 김육은 백성의 삶을 안정시키기 위해서는 국가에 의한 총체적 접근이 필요하다고 여겼다. 이에 김육은 관료로 재직하는 동안 실질적인 대책 강구에 적극 나섰다.

집집마다 굶주려서 입을 벌리고 먹을 것을 구하면 춘궁기에 구제해 주는 일을 의논하여야 하고, 온 집안이 역질을 만나 한 사람도 살아난 자가 없으면 월령에서 말한 뼈를 묻어주는 일을 거행하여야 합니다. 그리고 각 청에서 물자를 만드는 일은 우선 다 정지하고, 아문에서 방납하는 것을 일체 금지하여 조용히 기다리고 침탈하는 일이 없어야 합니다. 그럴 경우 이미 죽은 백성이야 다시 어찌할 수 없다고 하더라도 살아남은 백성들의 목숨은 오히려 보존하여 살릴 수 있을 것입니다. 민심이 기뻐하여 감복하면 하늘의 뜻도 되돌아와서 재앙을 돌려 상서로 만들기가 손바닥을 뒤집는 것보다도 더 쉬울 것입니다. 그 나머지 교화가 행해지고 기강이 진작되는 일과 같은 것은 차례대로 저절로 이루어질 것입니다(『잠곡유고』, 권4, 「옥당에 있으면서 논하는 차자」).

김육이 부제학을 역임했을 때 올린 앞의 상소는 크게 두 가지 내용의 요구사항이 담겨 있다. 첫째, 임금은 앉아서 글만 읽지 말고 더 고민하고 실제로 도움이 되는 일을 실천하라는 내용이다. 임금이 밥상 위의 반찬 가짓수만 줄인다고 임금 역할을 다 한 것이 아니라, 두려워하는 마음으로 백성의 마음을 헤아리고 자문을 구해 실질적인 방안을 만들어야 한다는 뼈 있는 조언이 담겨 있다. 김육 또한 재이론에 근거하여 역병 등 백성들의 삶을 괴롭히는 일들이 군왕을 비롯한 치자들의 잘못된 정치 때문이라고 강조하고 있다. 해마다 흉년이 들고 계속해서 전염병이 만연해 백성들이 줄을 이어 뿔뿔이 흩어지고 거의 대부분 죽어가는 현실의 원인은 잘못된 정치에 있다고 보았다. 이에 임금을 향해 백성들을 위한 정치와 공부를 강조하고 있다.

다음으로 가난과 기근, 전염병의 문제는 총체적으로 접근해야 한다는 관점이다. 오늘날로 치자면 융·복합적 문제해결 접근을 강조한 것이다. 백성들의 삶은 왜 이렇게 곤궁한 것인가? 이에 김육은 백성들을 굶주리게 만드는 부당한 세금과 각종 부역들이 문제라고 여겼다. 김육이 보기에 국가는 역질로 고생하는 백성들을 제대로 돌보지 못하며 오히려 고통을 가중시키고 있었다. 국가가 백성의 삶을 오히려 곤란하게 만드니 백성들의 원망을 사게 되고, 결국 하늘의 노여움을 불러 일으킨다고 보았다. 김육은 백성이 어려울 때는 폐단을 고집할 것이 아니라 국가가 나서 제도를 개선해야 한다고 주장한다.

    김육의 이러한 생각은 주장으로만 끝난 것이 아니었다. 김육
은 1638년 충청도관찰사에 제수되자, 대동법 실시를 요청하고 수
차(水車)를 만들며 흉년과 전염병에 대비하기 위한 서적인 『구황
벽온방(救荒辟瘟方)』을 간행했다. 대동법을 실시해야한다는 주장
은 백성들의 세수를 감면해 민생을 안정시키기 위함이었다. 또한
1656년 내의원 도제조로 지내면서 『증보만병회춘(增補萬病回春)』을
편찬하였다. 이 책은 명나라 태의를 지낸 공정현이 저술한 종합
의학서인 『만병회춘』을 바탕으로 하여 김육이 주관하여 부족한
부분은 보충하고 우리 실정에 맞도록 보완한 것이다. 하지만 김육
은 민생을 중시 여기는 실용적 정책을 추진하는 과정에서 꽤나 비
판을 받은 듯 하다. 김육은 주위의 비판에 어떻게 반응했을까?

    군자가 이 세상에 태어남에 있어 어려서는 힘써 학문을
하고, 학문을 하여서는 그것을 시행하고자 하는 법이다. 도
덕(道德)을 수양하여 관직을 받는 것이 어찌 유독 이록(利祿)
만을 위하고 명예만을 노려서 그렇게 하는 것이겠는가. 장
차 그 뜻을 시행하여 백성들에게 펴고자 하는 것이다. 관직
의 높고 낮음을 따질 것 없이 진실로 그 뜻을 시행하는 데
뜻이 있다면, 성현들의 말로 법을 삼아야 마땅하다. 그리하
여 한 고을에 시행하면 한 고을의 백성들이 편안하고, 한 나
라에 시행하면 한 나라의 백성들이 편안하며, 온 천하에 시
행하면 온 천하의 백성들이 편안하게 해야 한다. ……나는

흐리멍덩하고 천박하여 비록 학문이 어떠한 것인지는 잘 모르지만, 내가 원하는 바는 마음을 바르게 가지고 일을 실제적으로 함으로써 용도를 절약하여 백성을 사랑하고, 부역을 줄여 세금을 적게 거두는 것으로, 헛되이 이상만을 추구하여 형식적인 것을 숭상하지 않고자 한다(『잠곡유고』, 권9, 「호서대동절목의 서문」).

김육은 충청도에 대동법을 실시하였다. 위의 발언은 그 시행 절목 가운데 머리말의 일부이다. 김육은 군자라면 학문에 힘써야지만, 그 학문이라는 것이 입으로만 말하는 것이 아니라 실제로 실천해야 학문임을 상기시킨다. 당시 학문을 추구하는 성리학자들의 입에서 가장 많이 나오는 말은 '성의(誠意)'와 '정심(正心)'이었나 보다. '성의'와 '정심'은 수신·제가·치국·평천하(修身齊家治國平天下)의 논리를 구사하는 『대학(大學)』의 8조목에 해당한다. 김육은 자신을 비난하는 이들이 치국과 평천하에 이르기는커녕, 진심으로 수신제가를 하고 있는지 모르겠다는 신랄한 비판을 가하고 있다. 이에 김육은 자신은 이론을 궁구하는 성리학자들과 달리 헛되이 이상만을 추구하고 형식만을 고수하지 않는다며 당당히 자기 변호를 하고 있다. 김육의 평생 소신은 어디에서 기인하는가? 김육은 스스로 유학의 근본에 중심을 두었다고 밝힌 바 있다.

내가 10여 세 되던 때 《소학》을 아버지께 받고서 읽다

가 '일명(一命)의 관원이 참으로 상대를 사랑하는 마음이 있
으면 사람들을 반드시 구제할 수 있을 것이다'란 부분에 이
르러서 척연(惕然)히 마음속에 감동되는 바가 있었다. 이로
인하여 스스로 생각해 보니, 반드시 한 명의 관원만이 그러
한 것이 아니라 사람이라면 마땅히 모두 이와 같아야 한다.
다만 아무리 상대를 사랑하는 마음이 있다고 하더라도 다
른 사람을 구제하는 것은 반드시 일명 이상의 관직에 있는
자라야 할 수 있다.

　　…… 매번 옛 책을 볼 때마다 상대를 사랑하고 사람들
을 구제하는 일에 대해 말한 것이 있으면 반드시 마음속으
로 기뻐하여 기록하였으며, 아울러 옛 사람이 의혹을 풀고
간사함을 밝힌 일도 기록하여 그 아래에 붙여 기록하였다.
무릇 상대를 사랑하는 것은 인(仁)에 근본하였고, 다른 사람
을 구제하는 것은 의(義)에 근본하였으며, 의혹을 푸는 것은
지(智)에 근본한 것으로, 이 모두는 사람들의 성품에 본디
있어서 애연(藹然)히 피어 오르는 것이다. 그러니 참으로 능
히 스스로 깨우쳐서 밝힌다면 널리 확충시켜 그 본성을 다
할 수가 있을 것이다(『잠곡유고』, 권9, 「종덕신편의 서문」).

　　위의 글은 65세에 지은 「종덕신편」의 서문의 일부이다. 『종덕
신편』은 김육이 그간 읽었던 책 중에서 마음에 드는 글귀를 만나
면 기록해두었다가 한 권의 책으로 편집한 것이다. 에디톨로지 관

점에서 보자면 편집 또한 하나의 창작이다. 새로 재구성된 책 속에는 편집자의 세계관이 응축되어 반영되어 있기 때문이다. 「종덕신편」의 키워드는 애물과 제민이다. 김육은 10살 때 부친으로부터 『소학』을 전해 받고 읽다가 '낮은 지위에 있는 관원이라도 애물하는 마음이 있으면 사람들을 반드시 구제할 수 있다'는 구절에 크게 매료되었다. 김육은 이 글귀를 곱씹어 읽으면서 나름의 생각을 더할 수 있었다. 하나는 꼭 관직에 있지 않아도 사람이라면 마땅히 애물하는 마음을 가져야 하나, 관료는 마음을 실행에 옮겨 실제적 효과를 구해야 한다는 것이다. 김육이 보기에 벼슬이 귀한 이유는 여기에 있었다. 벼슬을 지닌 자는 백성을 부리는 자가 아니라 백성을 살리는 자이기에 귀한 것이다. 또한 백성을 사랑하고 구제하는 일은 '인의(仁義)'라는 자연스러운 본성에서 나오는 것이니 공부는 본성을 깨닫게 해주고 그 마음을 확장시켜주는 것이라 여겼다. 김육은 복잡하고 난해한 이론을 떠들어대며 논쟁을 불러 일으키는 것에 관심이 없었다. 공자와 맹자가 추구했던 인의에 기반을 둔 정치에 평생 관심을 가졌다. 김육은 맹자가 언급했던, 공부란 잃어버린 마음을 되찾는 구방심(求放心)이요, 인의의 길을 걸어가는 것이라 여겼다.

김육이 그토록 비난을 받으면서까지 백성의 삶을 매우 고달프게 만든 요인이었던 가난, 기근, 전염병이라는 3종 세트에 적극 행동으로 나섰던 배경이 여기에 있었다. 관료라면 말로만 백성을 위한다고 할 것이 아니라, 실질적으로 삶을 개선해 백성을 살려야 한다고 여겼기 때문이다. 이러한 배경에는 김육이 10살에 읽은 『소학』이 있었다. 『소학』은 아동용 입문 교재로 읽혀졌다. 실제로는 어른들도 읽어야 할 만큼 쉬운 내용은 아니었다. '우리네 공부는 유치원에서 다 배웠다'라는 말처럼, 어린 시절 읽은 책 속에는 지향해야 할 가치들이 담겨 있다. 다만 어른으로 살아가면서 유년 시절의 배움을 그저 수준 낮은 것으로 여기며 살아가는 건 아닐까. 사람이 어울려 살아가는 데 필요한 기본적인 규범은 어린 시절 배움에 다 있지만, 이를 평생 소신으로 삼고 실천하며 살아가는 이는 보기 드문 세상이다. 김육은 성장하는 과정에서 어린 시절부터 읽었을 유학의 경서들을 가슴으로 이해하며 발로 실천했을 뿐이다.

3. 박제가, 관념을 버리고 실리를 추구하다

초정 박제가(朴齊家, 1750~1805)는 18세기 후반을 대표하는 실학자 중 북학파의 한 사람이다. 부친은 승정원 우부승지를 지낸 박평으로 사별 후 서얼인 김씨 사이에서 박제가를 낳았다. 모친의 신분을 따르는 규정으로 박제가는 서얼이다. 11세에 아버지가 돌아가시자 집안이 매우 기울어졌다. 신분적 한계에도 불구하고 정조의 신임을 얻어 규장각검서관으로 선발되었다. 서얼 중용 정책으로 능력을 인정받기도 했지만 이로 인해 모난 돌 신세가 되었다.

박제가는 1778년 29세에 남인의 영수였던 채제공을 수행하기 위해 연경행을 처음 한 이후로 1790년(2회), 1801년(1회)에 총 4차례에 걸쳐 청나라에 다녀왔다. 이 때 청대 문인들과 교유할 수 있었다.

박제가가 살았던 시기 또한 크고 작은 역병이 유행했었다. 박제가가 태어난 해(영조 26년)에 전국적으로 역병이 유행하면서 10만 이상이 사망하였다. 1786년과 1791년의 역병 유행 또한 심각했다. 그 중 어린 아이들을 대상으로 유행한 것은 천연두였다.

천연두가 잘 된 자의 딱지 7, 8개를 작은 것은 10여 개. 자기(磁器) 종지에 넣고 손톱으로 맑은 물 한 방울을 떨어뜨린 다음 견고한 물체, 즉 칼자루 같은 것으로 으깨어 즙액을 만들되 진하지도 않고 묽지도 않게 한다. 너무 진하면 천연두 기운이 발생하지 못하고 묽으면 천연두 기운이 지나치게 손실된다. 다시 새솜 누에고치 솜이다. 을 대추씨 크기만큼 뭉친 다음 가느다란 실로 꽁꽁 매어 단단한 머리로 천연두의 즙액에 적셔 콧구멍에 넣는데 남자에게는 왼쪽, 여자에게는 오른쪽으로 좌우의 콧구멍 한다. 가령 자정에 넣었다면 오정에 뽑아 버린다. 매번 6시각 반 나절이 지나면 이 기운이 장부에까지 통하고, 며칠이 지나면 혹 2, 3일, 혹 3, 4일씩 그 솟는 것은 일정하지 않다. 그 아이가 약간의 통증을 느끼며 턱 아래나 목 주위에 반드시 기핵(氣核)이 돋게 되는데 큰 것은 새알 만하니, 이것이 그 징험이다. 그리고 면 부나 신체에 3, 4개의 두립이 발기되는데 많은 이는 십수 개가 되지만 관계없다. 며칠 못 되어 부어오르고 고름이 차며 아물고 딱지가 떨어진다(『다산시문집』, 권10, 「종두설(種痘說)」).

박제가는 규장각 검서관 시절 청나라에서 들어온 종두방(種痘方)이란 책을 접했다. 책에 적힌 방법은 대략 위와 같았다. 오늘날 예방접종의 원리에 해당했다. 박제가는 청나라가 이미 이 방법을 시행하고 있다는 것도 알고 있었다. 북경은 각 구역마다 종두를 접종하는 의원이 담당되어 있으며 의원이 자신이 속한 구역을 벗어나 다른 곳에서 종두를 접종할 경우 엄격하게 죄를 묻는 것까지 알고 있었다. 일종의 면역 물질인 두종(痘種)이 유출되는 것을 막기 위함이었을 것이다.

박제가는 이 방법을 따로 적어두었지만 문제는 내용이 너무 간략해 시행하기가 어려웠다. 박제가가 궁금했던 것은 두종이 며칠까지 효과가 있는지였다. 박제가가 보기에 두종이 한겨울에는 좀 더 오래 놔둬도 접종의 효과가 있지만 한여름에는 금방 두종이 약해졌다. 박제가는 "지금 북경에만 두종이 있는데 만일 우리나라에 가져와서 접종을 하려면 비록 한겨울에 북경에서 막 떨어진 딱지를 가지고 나는 듯이 달려 오더라도 우리나라에 도착하게 되면 이미 묵은 것이 되어 사용할 수 없다(『다산시문집』, 권10, 「종두설((種痘說)」)."며 좋은 두종을 어떻게 구할지를 두고 고민이 깊었다. 그러다 박제가가 영평현의 현감으로 부임하면서 마을민을 대상으로 종두법을 사용할 일이 생겼다. 박제가가 관아에 속한 이들에게 청나라의 종두법을 소개하자 이방이 몹시 흥분하여 두종을 구해오더니 자기 아이에게 접종한 것이다. 효과가 있었다. 자신감이 생긴 박제가는 관아의 어린 노비와 자신의 조카에게 접종했다. 접종 횟수가 늘수록 좋은 두종을 얻을 수 있었다. 박제가는 여기에 그치지 않고 이씨라고 불리는 의원을 불러 처방을 주어 두종을 가지고 경성 이북 지방으로 들어가게 했다. 선비 집안에서 아이들에게 많이 접종하였다 한다. 이 이야기는 절친 정약용에 의해 기록되어 전해진다. 이야기의 결말은 어떠했을까?

정조 사후 수렴청정한 정순왕후와 지지세력인 노론 벽파는 인륜을 바르게 세운다는 명목 하에 북학, 반주자학, 서학 등에 쏠리는 관심을 차단하는 일련의 정책들을 실시하였다. 주로 남인들이 표적이 되었다. 박제가 또한 정치적 공격에서 자유롭지 못했다. 결국 1801년 유배되어 3년 후 풀려났으나 1805년 사망했다. 의원 이씨는 신유사옥, 즉 천주교 신자에 대한 박해 사건 때 연루되어 죽기 직전까지 고문을 받았다. 이후 더 이상 의원 활동을 못한 것으로 알려진다. 두종도 단절되었다. 박제가와 종두법을 함께 고민하고 의견을 주고 받았던 정약용은 강진으로 유배되었다. 정약용 또한 정치적 난리를 겪으면서 적어두었던 종두법을 잃어버렸다. 다만 정약용은 유배 중에 이 일을 안타깝게 여겨 종두법 시행 이야기의 전모를 아이들에게 편지로 전해 잊혀지지 않게 되었다. 모난 돌은 형체를 알아볼 수 없을 만큼 뚜들겨 맞더니 부스러졌다.
무엇이 문제였을까?

제5부

역질,
유학의 초심으로 돌아가라

1. 정약용, 청렴하지 않은 정치에 대한 비판

정약용(丁若鏞, 1762~1836)은 경기도 광주군 초부면 마현리(지금의 양주군 와부면 능내리)에서 4남 1녀 중 4남으로 태어났다. 조선 후기를 대표하는 최고의 실학자로 알려진 만큼, 전남 강진에는 정약용이 유배되어 11년간 머물렀던 자리에 관련 유적물이 조성되어 있다.

그림 7 강진 정약용 유적

소재지: 전남 강진군 도암면 만덕리 산103-2번지
출처:문화재청 국가문화유산포털 https://www.heritage.go.kr/

정약용의 어린 시절 이름은 귀농(歸農)이다. 부친 정재원이 시끄러운 세상에 어울리지 말고 아들이 시골에서 마음 편하게 지내길 바라는 마음을 담아 부른 이름이었다. 하지만 부모의 바람대로 살기보다, 매우 굴곡진 인생을 살았다. 정약용의 인생사 중 비극적인 장면은, 가족·형제들과 살붙이며 평범한 가정 생활을 유지하지 못했다는 것이다. 정약용은 특히 자녀들과 다정하게 함께 지낼 수 없음을 매우 안타까워했다. 정치적 유배로 인한 타지에서의 오랜 귀양살이도 원인이었지만 당대를 강타했던 역병이 주된 요인이었다. 『조선왕조실록』에 따르면 정약용의 생전 시기 전후인 1660년~1864년 약 200년간 사망자가 많이 발생한 역병의 유행은 79차례, 그중 10만 명 이상 죽은 경우도 6차례나 있었다(신동원, 2022). 이 사실만 보아도 정약용의 삶이 순탄치 않았음을 짐작할 수 있다. 정약용은 2살 때 두창, 완두창 등으로 불린 천연두를 앓다 살아 남았다. 이 때 오른쪽 눈썹 위에 흉터가 남아 눈썹이 세 개로 나뉘어 스스로 삼미자(三眉子)라고 부르기도 했다. 정약용은 풍산 홍씨와 혼인하여 6남 3녀의 자식을 낳았다. 하지만 이 중 2남 1녀만 살았고 나머지 자녀들은 역병으로 일찍 죽었다. 정약용은 스쳐 지나갈 정도로 짧게 살다 죽은 자녀들을 잊지 않고자 다음과 같이 이름과 출생 년도, 얽힌 추억 등을 광지(壙志)에 남겼다.

딸은 임자년(1792, 정조 16) 2월 27일에 태어났다. 그 애 어미가 순산한 것을 효(孝)라고 여겨 처음에는 '효순(孝順)'

이라고 불렀다. …… 성품도 효순하여 부모가 화가 나서 다투면 문득 옆에서 웃음지으면서 양편의 화를 모두 풀어 주었으며, 부모가 간혹 때가 지나도록 밥을 먹지 않으면 애교스러운 말로 식사를 권했다. 태어난 지 24개월 만에 천연두를 앓았는데, 발진이 잘 안 되고 검은 점이 되더니 하루 만에 숨이 끊어졌다. 그 때가 갑인년(1794, 정조 18) 정월 초하룻날 밤 사경(四更)이었다. 용모가 단정하고 예뻤는데, 병이 들자 초췌하여 검은 숯 같았다. 그러나 죽으려고 다시 열이 오르는데도 잠깐 애교스러운 웃음과 말을 보여 주었으니, 가련하다. 어린 아들 구장(懼牂)이도 세 살에 죽어서 마현(馬峴)에 묻었는데, 이제 또 너를 여기에 묻는다. 네 오빠의 무덤과 종이 한 장만큼의 사이를 둔 것은 서로 의지하며 지내도록 하기 위함이다(『다산시문집』, 권17, 「유녀의 광지(幼女壙志)」).

역질로 인해 죽은 아이들은 이뿐이 아니었다. 정약용이 막내아들 농장(農牂)을 얻었을 때는 형조참의에 제수되어 정조 임금을 보필하며 바쁜 관료로 생활하고 있었다. 이 해 정약용은 천주교에 탐닉했다는 비방을 받았지만 정조 임금은 무고라고 일축했다. 정조 임금의 비호를 받고 있었지만 정치적 비난이 예사롭지 않음을 느낀 터였다. 이런 상황에서 정약용은 농사를 지으며 마음 편하게 살기를 바라 농장이라 이름지었다. 다음 해 정조 임금이 승하하자 정약용은 관직에서 물러나 고향으로 돌아갔다. 그의 희망과 달리 이듬해 황사영 백서 사건으로 전남 강진으로 유배되었다. 이듬해 오래 무탈하게 살기를 바랐던 농장이 요절했다는 소식을 전해 들었다. 아내가 전한 편지 글에는 아이가 유배 중인 아버지가 돌아오시면 자기 병이 다 나을 거라며 죽기 전까지 아버지를 간절히 그리워했다는 이야기가 적혀있었다. 정약용은 막내아들을 이미 요절한 아이들을 묻어주었던 두척산에 장례를 치르고 곡을 하기 위해 광지를 작성하였다. 큰아들 학연이 유배 중인 부친 대신 농장의 무덤가에서 광지를 읽었다. 죽은 아이들의 병명은 천연두, 홍역, 학질이었다. 살아 남은 아이들은 다행히 역병을 이겨냈지만 계속 역병의 두려움을 안고 살았을 것이다. 유배 중인 아버지를 대신하여 가장 노릇을 해야 했던 학연이 의원 행세를 할 정도로 의술에 관심이 많았던 것도 납득할 만하다(『다산시문집』, 권18, 「학연에게 보여주는 가계(示學淵家誡」).

관료를 역임했던 정약용 같은 사대부 집안의 상황이 이러할진대, 일반 백성들의 삶은 오죽했을까. 정약용은 어릴 적부터 지방 수령으로 지낸 부친의 부임지를 따라 다니며 백성들의 형편을 가까이에서 확인할 수 있었다. 부친의 목민관으로서의 활동을 보며 자신의 공부에 적용했을 것이다. 정약용은 1797년(정조 21) 황해도 곡산 부사로 부임되었다. 정약용을 모함하는 자가 많자 정조 임금은 정약용을 2년 남짓 외지로 보냈다. 사실상 강등이었다. 곡산 부임 시절 가장 극적인 일화는 역질과 관련한다. 정약용은 다음 해 겨울 중국으로부터 유행한 역질에 걸렸다(『여유당전서』, 권16, 「자찬 묘지명(自撰墓誌銘)」). 노인은 병에 걸리면 반드시 죽는다 할 정도로 치사율이 높은 감염병이었다. 당시 중국의 건륭황제도 이 유행병을 피하지 못하고 사망할 정도였다. 정약용도 예외는 아니었다. 하지만 이불을 덮고 누워 있는 상황에서도 현장 상황을 점검하고 대책을 마련했다.

> 우리 노인과 소아를 죽게 하여 들것이 길가에 깔려 있네. 슬프다! 이 노약자들은 걸리면 다시 소생하기를 바라지 못하네. 어떤 아낙 머리를 풀어헤치고 한밤에 목놓아 울부짖고 누렇게 죽어가는 어린아이들이 마구 울었네. 목민관으로서 자애롭지 못해서 구원의 손길 뻗지 못하니 나는 부끄러워 옷에 때가 낀 것 같도다. 왕께서 말씀하시기를 '아, 그대여! 나의 강토를 네가 지키니 빨리 물 뿌리고 소제하여 신께서 배부르도록 하라.'하였네. 살진 희생을 드리고 향기로운 술을 올리오니 신이시여! 길게 구불구불 무리들을 이끌고 와서 노닐며 마음껏 음식을 드시고 기뻐 뛰면서, 연회를 즐기소서(『다산시문집』, 권17, 「곡산의 여제단에 드리는 제문(谷山厲祭壇慰祭文)」).

당시 역병의 정체는 밝혀지지는 않았지만 마을에 목놓아 우는 소리가 끊이지 않을 정도로 한꺼번에 많은 이들을 죽게 했다.

정약용은 살아남았지만 목민관으로서 제대로 처세를 하지 못했다며 자책했다. 정약용은 임금을 대신해 곡산 마을의 무사귀신들을 위로하는 여제를 지내면서 백성들이 겪는 두려움과 혼란함을 챙기고자 했다. 여기에는 정약용의 체험과 공감이 작용했다. 정약용은 임신한 아내가 학질에 걸려 몇 달 동안 고생하자 절박한 심정에서 학질 귀신을 쫓는 시를 지은 적이 있었다(『다산시문집』, 권1, 「학질 쫓는 노래를 지어 이 의원에게 보이다」). 지푸라기 잡는 심정이 무엇인지를 자신도 이미 경험했다. 이와 같은 유교식 인정에 호소하여 백성들의 마음을 챙기는 것과 별도로 체계적인 방식으로 위기를 극복하고자 하였다.

정약용은 마을 상황을 정확하게 파악하고 각자의 형편에 맞추어 구휼했다. 여기에는 그가 부임하자마자 만들었던 침기표(砧基表)와 『마과회통(麻科會通)』이 큰 몫을 했다. 침기표는 일종의 호적으로 인적과 재정 등 마을의 기본 정보를 정리한 문서이다. 목민관이 해야 할 기본적인 일이나 형식적으로 정리하는 관행이 많았다. 수령이 아랫사람에게 시키면, 아랫사람은 제대로 조사하지 않고 대충 정리하여 보고하면 끝이었다. 침기표가 정확하지 않으니 백성들이 내야 할 세금이나 받아야 할 구호 물품 등도 엉망이었다. 세금을 낼 수 없는 가구에 세금을 강하게 부과하거나, 세금을 많이 낼 수 있는 가구가 오히려 적게 내는 식이었다. 그러니 고을 살림을 제대로 꾸릴 수가 없었다. 이에 비해 정약용은 집집마다 가구 상황과 농사 현황을 직접 확인하고 정확하게 기록하여 정리하였다. 이에 근거하여 백성들의 경제적 상황을 파악하고 융통성 있게 활용하였다. 특히 양식이 떨어져 굶주리는 집을 추려내어 긴급함의 정도에 따라 양식을 분배해주었다. 정약용은 "가난한 백성에게는 한 번 흉년을 만나도 죽음이 있을 뿐(『목민심서』, 진황6조, 제3조, 「규모(規模)」)"이니 이 점을 유념하여 직접 발로 뛰면서 침기표를 작성하였다. 정약용은 부임하자마자 작성해 둔 침기표에 따라 신속하고 공정하게 백성들을 구휼할 수 있었다.

『마과회통』은 정약용이 홍역을 진단하고 처방할 수 있는 관련 최신 자료를 꾸준히 수집하고 이를 일목요연하게 편집한 의학서이다. 책의 완성도를 높이기 위해 중국과 국내 총 63종의 문헌에 근거하였다(서봉덕, 2009). 단순히 자료를 배열하기만 한 것이 아니라, 각 처방들을 비교하고 이에 대한 논평도 제시하였다. 정약용은 역병을 두려워하고만 있을 게 아니라 체계적인 의술로 접근하면 예방하고 치료할 수 있다고 여겼다. 이러한 신념에는 어릴 적 홍역에 걸렸을 때 자신을 치료해준 몽수 이헌길(李獻吉)의 영향도 있었다. 그는 역병 분야의 명의였다(『다산시문집』, 권17, 「몽수전(蒙叟傳)」). 치료를 못 받더라도 그가 알려준 치료법대로 따라하면 의술에 모르는 자도 효과를 구할 수 있었다. 이헌길과 같은 사례를 통해 정약용은 제대로 된 치료법을 널리 알리는 것이 중요하다는 것을 체득할 수 있었다. 정약용은 마을 민에게 이 책의 내용을 말해주어 백성들이 서로를 치료하도록 했다. 또한 본인도 역병에 걸렸음에도 두려워하고만 있지 않고 적극적인 대응을 실시할 수 있었던 배경에는 그동안에 공부하고 정리해 둔 지식이 있었기 때문이다. 본인 자신에게도 『마과회통』의 치료법을 적용해서 역병에 걸렸어도 죽지 않고 살아나자 더욱 자신감을 가지고 백성들을 설득하고 안내했을 것이다.

곡산 수령으로 부임하자마자 정약용은 목민관으로서 실전에 뛰어든 셈이었다. 당장 실제적인 효험을 얻어야 했다. 위기에도 당황하지 않고 수령으로서 책무에 충실할 수 있었던 까닭은 무엇일까? 정약용은 규장각 초계문신으로 선발될 만큼 정조 임금의 총애를 받았다. 여러 시험에서 1등을 하며 학문적 두각을 나타냈다. 그러나 정약용은 단지 책을 앵무새처럼 외우는 데 능했던 사람이 아니었다. 그가 추구했던 공부를 '실학(實學)'이라고 한다. '실학'은 유학의 새로운 분야가 아니라, 유학의 본래 정신, 즉 성현의 가르침에 충실한 공부라 할 수 있다. 정약용은 강진 유배 생활 동안 유학의 초심에 관하여 더욱 고민할 수 있었다.

성현의 가르침에는 원래 두 가지 길이 있는데, 하나는 사도가 만백성을 가르쳐 각기 수신하도록 하고, 또 하나는 태학에서 국자를 가르쳐 각각 수신하고 치민하도록 하는 것이니, 치민하는 것이 바로 목민인 것이다. 그렇다면 군자의 학은 수신이 그 반이요, 반은 목민인 것이다. 성인의 시대가 이미 오래되었고 그 말도 없어져서 그 도가 점점 어두워졌다. 요즈음의 사목이란 자들은 이익을 추구하는 데만

급급하고 어떻게 목민해야 할 것인가는 모르고 있다. 이 때문에 백성들은 곤궁하고 병들어 줄을 지어 진구렁이에 떨어져 죽는데도 그들 사목된 자들은 바야흐로 고운 옷과 맛있는 음식에 자기만 살찌고 있으니 어찌 슬픈 일이 아니겠는가(『목민심서』, 서, 「자서(自序)」).

앞의 글에서와 같이 정약용은 성현의 공부가 두 가지, 즉 자기 자신의 마음을 바르게 하는 것과 백성을 다스리는 일이라 하였다. 정약용이 보기에 '선비는 백성을 다스리는 벼슬살이를 하는 자(『목민심서』, 부임 6조, 제 1조 「제배(除拜)」)'로 언제든 목민을 할 준비가 갖추어져야 한다고 보았다. 정약용은 목민해야 하는 선비들을 위한 지침서로 『목민심서』를 작성하였다. 부임(赴任)·율기(律己)·봉공(奉公)·애민(愛民)·이전(吏典)·호전(戶典)·예전(禮典)·병전(兵典)·형전(刑典)·공전(工典)·진황(賑荒)·해관(解官)의 총 12편으로 구성되어 있다. 목민관은 대체로 지방에서 백성을 직접 상대하는 수령을 지칭한다. 그렇다면 이들이 왜 중요한 걸까?

조선은 건국 초부터 국가 주도의 중앙집권체제를 갖추었다. 이를 위해 지방에 수령 등의 지방관을 선발하여 그들이 유교식 정치를 실천하게 했다. 지방관을 선발하는 과정은 꽤 엄격했다. 과거 시험을 통해 선발하고 나면 공과를 철저히 파악하여 상과 벌을 줌으로써 지방관의 도덕적 해이를 방지하고 책무를 강조하였다. 그러나 수령고소금지법인 '금부민고소법'의 등장과 시행은 사대부인 지방관의 불법 행위는 같은 사대부인 어사가 해야 하지 백성이 고소할 수 없게 했다(이덕일, 2019). 지방관의 권한이 높아지면서 권력을 악용하는 사례도 속출하였다. 특히 기근과 전염병이 자주 발생하는데도 백성들이 속수무책으로 사망할 수밖에 없었던 것은, 당시 과학과 의학 등의 한계도 있지만 백성의 삶에 나몰라라 하는 지방관들의 무능과 폭정도 한 몫 했다. 이들이 수령으로 발령나면 가족, 친척, 지인 등의 끊임없는 청탁과 선물이 오갔다. 마을 형편을 파악하기보다 기존의 향리층에게 행정을 맡기는 경우가 발생하다보니 향리들이 사실상 백성들에게는 실세였다. 백성들은 피해를 받지 않고자 이들의 눈치를 봐야 했다. 수령은 선정도 하지도 않으면서 선정비를 요구했다. 역병이 유행하면 병을 핑계로 출근하지 않기도 했다. 외부와 소통하지 않고 방 안에서 편히 고기 반찬을 먹으면서 제 목숨만 귀하게 여기고, 백성들의 배고픔과 고통은 보고 듣지 않았다. 역병 발생 시 지방관은 구휼에 성심을 다해야 한다는 게 행정 원칙이었으나 제대로 실천되지 못했다.

정약용은 목민관에게 갖추어야 할 것은 청렴이라 여겼다. 구체적인 절목은 말과 행동을 조심하는 것이다. 남이 보든 보지 않든 신독(愼獨)의 자세로 경계하며 일을 해야 한다. 지방관은 청렴을 통해 자신의 곳간을 비우고, 대신 백성의 살림을 윤택하게 해야 한다고 보았다. 만약 청렴하지 않으면 자신의 곳간을 비우는 데만 혈안을 둘 테니 백성의 삶은 곤궁해질 수밖에 없기 때문이다. 다산이 보았을 때 언제든 탐욕과 사리사욕에 빠질 수 있고 그로 인해 정치 권위를 상실할 수 있는 수령은 매우 위태롭고 한시적인 존재이나, 그 욕망을 통제할 수 있는가 그렇지 않는가의 차이에 의해서만 수령은 백성을 다스리는 목민관으로서 정치적 정당성을 가질 수 있다(백민정, 2018).

목민관은 마땅히 10일에 한 번씩 나가되, 말 한 필에 종 하나를 데리고 고을을 순행하여 그 분위기를 살피고 백성들의 형편을 물어야 한다. 친히 백성의 집을 방문하여 병든 자를 위무하기도 하고, 친히 초상집에 들어가 염하고 매장하는 것을 조사하기도 한다. 슬프고 불쌍히 여기는 간절한 마음은 반드시 귀로 듣고 눈으로 보아야 곧 감발(感發)함이 있을 것이니, 돌아와 이 마음으로 정사를 하면 반드시 정당 (政堂)에 깊이 앉아 있을 때보다 크게 진보됨이 있을 것이다.

대체로 전염병이 옮겨지는 것은 모두 콧구멍으로 말미암는 것이다. 매양 바람 부는 방향의 윗머리에 임해서 보면 (동풍이 부는 날에는 동쪽에 앉는다.) 전염되지 않는데, 하물며 이 전염병은 모두 주린 데서 생긴 것임에랴. 목민관은 날마다 쌀밥과 고기를 먹었으니 전염될 까닭이 없을 것이다. 이치에 통달한 자는 두려워하지 않는 것이다. 아, 자녀가 병이 들면 그 부모로서 위무하지 않는 자가 있겠는가. 이때를 당하여 목민관은 자주 민가에 나가서 어진 정사를 힘써 행하

면, 백성들의 애감(哀感)하고 열복(悅服)함이 또한 어떠하겠
는가. 하루의 수고로 만세의 영화를 누리는데 무엇이 아까
워서 하지 않는가. 무릇 이것을 즐겨 행하지 않는 자는 모두
어리석고 어두워서 정사를 말할 수 없는 자들이다(『목민심
서』, 진황 6조, 제 4조 「설시」).

정약용은 역병이 유행하여 백성들이 두려워하는 상황에서 지
방관의 책무를 위와 같이 소개하였다. 먼저 열흘에 한 번은 반드
시 현장에 나가 상황을 순찰해야 한다. 수령이 집무실에 앉아서
보고만 받아서는 백성의 삶에 공감할 수 없기 때문이다. 정약용
은 반드시 자주 현장에 나가 자신의 귀와 눈으로 백성들의 상황
을 봐야지만 슬프고 안타까운 마음이 진심으로 생기기 때문이라
보았다. 그런 마음이 있어야만 집무실로 돌아와서도 공허한 정책
을 논하지 않을 것이라 여겼다. 병든 사람을 위로도 해주고, 초상
난 집에 가서 같이 장례도 참여하면서 백성들의 마음을 살펴볼
수 있다고 여겼다. 그러면서 정약용은 다만 지방관도 역병에 걸리
지 않도록 안전 수칙을 지킬 것을 당부했다. 정약용은 역병이 콧
구멍으로 전염되니 이를 조심하고, 기본적으로 지방관은 백성들
보다 의식주가 넉넉하니 면역을 잘 갖추었을 것으로 보았다. 과격
한 것 같아도, 면역과 개인 방역 수칙을 강조한 이야기라 할 수 있
다. 하루의 수고로 만세의 영화를 누릴 수 있으니 어리석게 처신
하여 목민관으로서의 책무를 놓치지 말 것을 강조하였다. 요점은

결국 백성에게 닥친 위기를 해결하기 위한 정책에는 정치인의 청렴함과 부지런함이 기본적으로 전제되어야 한다는 것이다. 구휼 등의 극복과 관련된 실질적인 정책은 정치인에 의해 시행되기 때문이다. 정약용은 유교지식인 스스로가 애민의 마음을 통해 수양함으로써 지식인 사회가 정화되기를 꿈꾸었다.

3. 홍길주, 비영리 복지를 꿈꾸다

순종, 헌종, 철종이 재위했던 19세기 전반기를 흔히 세도 정치의 시대(1800~1863)라 부른다. 참된 원칙에 근거하여 세상을 다스리자는 세도(世道)는 사라지고 권력가들이 제 입맛에 맞추어 세도(勢道)를 부렸다. 고위 관직은 경화벌열(京華閥閱)이라고 불리는 서울과 인근 경기지역의 유력 가문 출신이 차지하였다. 대표적인 세도가는 순종과 혼인을 맺은 안동 김씨, 풍양 조씨, 대구 서씨 가문 등이다. 이 시기는 상업이 발달하면서 한양의 모습도 이전과 달라졌다. 경화벌열은 거미줄 인맥과 경제력을 과시하면서 집안에 정원과 방대한 서적을 소유하고 값비싼 호사로운 물건 등을 탐미적으로 수집하였다. 부와 권력이 극소수에게 집중되면서 부익부 빈익빈 현상이 심화되었다. 삼정이 문란해지고 관리들의 부패와 탐학이 만연해졌다. 기실 어느 시대든 관리들의 실정과 부패는 존재했다. 그런데 이 시기를 유독 부정부패의 시기로 기억하는 까닭은 무엇일까?

무엇보다 권력을 견제하는 기능이 제 역할을 하지 못한 탓이다. 조선은 군왕도 신하들의 견제를 받음으로써 권력의 남용을 경계했다. 하지만 세도 정치 시기에 지배층의 자정 노력은 점점 희미해졌다. 권력의 말단에서부터 상층에 이르기까지 부정부패를 눈 감아 주는 일이 비일비재했다. 순조 8년 평안도 암행어사 서능보가 평안감사 조득영의 실상을 보고한 사건을 보자. 서능보의 감찰 보고에 따르면 관리로서 조득영은 매우 죄질이 좋지 않았다. "온갖 악행을 모두 모아서 밤낮으로 경영하는 것이 재화를 부정한 방법으로 얻고 여색을 탐하는 데에 벗어나지 않아서 온종일 행하는 바가 백성을 가혹하게 해치지 않는 것이 없어 백성들 중 침을 뱉어 욕을 하지 않는 사람이 없다(『순조실록』 1808년(순조 8년) 9월 7일)." 하지만 서능보는 거짓으로 보고했다며 오히려 파직당하고 조득영은 이후 승승장구하였다. 조득영은 풍양 조씨 가문이었다. 이 사건이 상징하는 바가 크다. 세도정치가 본격화되자 소수의 지배층은 권력을 공공의 이익이 아니라 사적 이익을 위하여 남용하였다(오종록, 2001). 게다가 권력의 행사에 대한 감찰이 제대로 이루어지지 않았다.

누구보다 도덕성을 강조했던 유학 지식인들은 이 시기를 어떻게 지냈을까? 사족 내에서는 어떻게든 권력에 편승하려는 자와 이런 자들을 비판하는 자들로 나뉘게 되었다. 후자의 사람들은 사족층의 자기 쇄신을 주장하며 당시로서는 개혁적 발상을 시도하기도 했다. 조선 후기의 실학자 그룹뿐만 아니라 항해 홍길주

(洪吉周, 1786~1841)도 그중 한 사람이었다. 홍길주는 19세기의 주목할 만한 문장가로 알려졌다. 그의 문장은 알맹이 없는 이념에 갇혀 고루하지 않고 세상에 대한 날카로운 비판 의식과 독특한 생각이 담겨 있다. 그가 마흔 살 무렵에 썼다는 『숙수념(孰遂念)』이란 책은 홍길주가 얼마나 기발하고 톡톡 튀는 지식인이었는지를 알려준다. 하지만 홍길주의 톡톡 튀는 사고는 유희를 추구하는 몽상이 아니라 현실을 과감하게 바꾸지 않으면 망할 것이라는 절박함에서 비롯되었다. 홍길주는 연속되는 기근과 피할 수 없는 역병의 내습(來襲), 이에 더해 가혹한 부세와 고역(苦役)의 압박으로 삶의 터전을 잃게 된 백성들과 능력은 있지만 관직의 기회를 갖지 못해 가난과 울분을 떨쳐버리지 못한 소외된 지식인들을 보듬지 않을 수 없는 긴박한 시절로 자신의 시대를 규정했다(김호, 2022). 홍길주는 효명세자와 순조의 이른 죽음으로 개혁정치를 더 이상 기대할 수 없다고 여겼다. 홍길주가 보기에 국가는 기존의 관행을 형식적으로 고집할 뿐 현실적 처방을 내놓지 않고 백성들을 기만하고 있었다.

이름도 모를 괴질이 서쪽 변방에서 발생하여 도성에 번지고 여러 도에 만연하였다. 이 병에 걸린 사람들은 먼저 심하게 설사를 하고 이어 오한이 발생하는데, 발에서 뱃속으로 치밀어 들어 경각간에 열 명 중 한 두 사람도 살지 못하였다. 이 병은 집집마다 전염되어 불똥 튀는 것보다 더 빨리 유행되었는데, 옛날의 처방에도 없어 의원들이 증세를 알 수 없었다. 이때 경재 이상 사망자가 10여 명이었고, 여느 관료나 백성은 그 수를 헤아릴 수 없이 많아 서울과 지방의 사망자까지 합하면 모두 수십만여 명이나 되었다. 그리고 관서 지방이 더욱 혹심하였는데, 금년 여름과 가을 사이에 이 병이 또 발생하였고 팔도도 모두 이와 같았다. 이 병은 요주와 계주 지방에서 번져 들어와서 온 나라에 퍼졌다고 한다(『순조실록』 1821년(순조 21년) 8월 22일).

왕은 크게 역병을 우려하여 널리 구휼을 시행하였고 특별히 아경(亞卿)을 보내어 여러 산과 강에 양재제(禳災祭)를 지내고 평안도와 황해도에서도 모두 여제(厲祭)와 위제(慰祭)를 설행하였는데, 이는 정종의 기미년 고사를 따른 것이고 성주(成周)의 벽고(襗辜)의 제도를 모방한 것이다.(『순조실록』, 순조 대왕 행장).

1821년(순조 21년) 여름은 전국적으로 전에 없던 폭우가 한 달 넘게 이어졌다. 음력 6월의 실록 기사 대부분은 기록적인 비를 다루었다. 7월에는 비가 그만 멈추기를 기원하는 기청제를 두 번이나 지냈는데도 실효가 없었다. 계속된 장마로 전국적으로 수천 호의 집이 떠내려가거나 무너졌다. 익사한 사람도 수백 명이었다(『순조실록』 1808년(순조 8년) 8월 12일). 아직 재해를 수습하지도 못한 상황에서 이름 모를 괴질이 돌기 시작했다. 위의 두 기사는 당시 역병 발생의 긴박한 상황과 이에 대한 국가적 대응을 기록하고 있다. 왕은 앞서 왕들처럼 여제 등을 지내며 생사를 헤매며 갈 곳 잃은 백성들을 위로했다. 하지만 놀랍게도 실록 기사에서는 이후 또 다른 논의를 찾아볼 수 없다. 수만 명이 죽었음에도 실록 기사는 건조하기만 하다. 죽은 자를 위무하는 의식 외에는 중앙 정부를 중심으로 제도에 대한 비판과 개선이 논의되지 않고 있다. 한꺼번에 많은 사람들이 죽었음에도 이에 대한 책임을 묻거나 대책을 마련하거나 대안을 제시하는 논의가 행해지지 않은 것일까? 오히려 실록 기사만으로 보면 태평성대처럼 평안해 보인다. 하지만 현실은 달랐다. 홍길주가 생존했던 기간에만 6번의 큰 민란이 발생했다(이홍식, 2010). 실록이 조용한 데에는 관리들의 부정 부패를 보고하고 이를 감찰하며 시정해봤자 오히려 손해만 보기 때문에 누구 하나 총대를 메지 못하고 침묵한 것이라 여겨진다. 어느 한 쪽의 권력이 커지지 않도록 서로를 비방하며 쟁정이 끊이지 않았던 앞선 시대와 확연한 차이를 보인다. 언론이 제 기능을 못한 채 침묵하는 사이 안은 곪을 대로 곪아가고 있었음을 확인할 수 있다.

이런 시대에 홍길주는 3~40대에 지방 관리직을 몇 차례 역임하면서 피폐한 민생과 무능력한 국가 행정을 체감하였다. 홍길주가 강원도 평강현을 다스릴 때 경기 지방에 큰 기근이 발생한 적이 있었다(이홍식, 2010). 홍길주는 관동 협군의 쌀을 경기로 옮겨

기근을 구제하려 했지만 협군의 반대로 할 수 없었다. 그 결과 이 듬해 서울에서 대대적인 쌀 폭동이 일어났다. 무능한 관료들로 사회 문제가 더욱 심해지자, 홍길주는 기존의 인식과 방법으로는 총체적 문제를 해결할 수 없다고 느낀 것 같다. 선비라면 '수신·제가·치국·평천하'에 동참하는 것이 삶의 목표였듯, 홍길주도 수양을 하며 어진 신하로서 임금을 보좌하고 태평성대를 이루기를 희망했다(『숙수념』, 16관 계, 「숙수념」).[1] 그러나 "이 모든 것이 얼마 되지 않아 불가능하다는 것을 다시 스스로 깨닫게 되었다"라며 관직 생활을 모두 그만 두고 재야에서 현실 비판과 이상을 논하는 글을 쓰며 지냈다. 이 시기부터 저술하여 지은 책인 『숙수념』의 제목, 즉 '누가 이 생각을 이루어 줄까'의 저술 의도가 그래서 의미심장하다. 흥미롭게도 홍길주는 벌열 가문 중의 벌열가였던 풍양 조씨 가문 출신이었다. 마음만 먹으면 노른자 권력을 움켜쥐고 편하게 지낼 수 있었겠지만 이를 경계하고 자신이 꿈꾸는 이상 세계로 항해하고자 했다.

> 재물이란 한 사람의 재물이 아니다. 쌓아두기만 하고 풀어놓지 않으면 오늘은 왕이나 공자의 부를 지녔어도 내일이면 빌어먹고자 해도 할 수 없을 것이다. …… 서인의 부(富)는 이웃과 공유해야 한다. 선비의 부는 친척과 벗들과

---

1   이상 번역은 박무영 역(2021, 태학사)을 인용하였다.

역병의 시대, 조선 지식인의 삶과 공부

공유해야 한다. 공경과 대부의 부는 조정과 공유해야 한다. 제후의 부는 나라 안 모두와 공유해야 한다. 천자의 부는 천하와 공유해야 한다. 그런 뒤에야 그것을 '부'라고 부를 수 있다(『숙수념』, 13관 임(壬), 「거업념 중(居業念仲)」).

19세기 사회 모순과 정치 폐단에 대한 유학 지식인들의 인식은 비슷하다. 대개 위정자들의 수양 부족과 편협하고 고루한 공부가 문제의 기본적 원인으로 논하였다. 지배층의 의식 전환을 전제로 사회 제도를 개선하기를 촉구하였다. 하지만 미시적인 방법을 두고 각자마다 차이가 있었다. 공전제에 기반한 사회 개혁을 주장한 반계 유형원이 대표적이었다. 『반계수록』은 홍길주에게도 영향을 주었다. 바로 부의 '공유'였다. 위의 글은 '공유(共)'에 대한 그의 이런 저런 주장 중 하나이다. 홍길주는 절약을 강조하는 안빈낙도의 삶만을 긍정하지 않았다. 재화가 충분해야 인색하지 않고 베풀 수 있기에 '부'를 긍정했다. 재화에 있어서 소극적인 태도를 지녔던 조선 중기의 유학 지식인들의 태도와 사뭇 다르다. 게다가 홍길주는 만약 누군가 재물을 자신의 곳간에만 쌓아두기만 하면 자신은 당장 손해볼 것 없어 보여도 장기적으로 봤을 때 여러모로 손해라 여겼다. 재물을 가난한 자들에게 베풀어 이들이 자기 직분에 따른 역할을 성실히 수행하도록 만들어서 더불어 함께 살아가는 세상이 필요하다고 여겼다. 가난해서 자신의 능력을 발휘할 기회를 잃은 이들에게 기회를 주고 이들로 인해 세상이 활기 넘치고 윤택한 사회가 될 수 있기 때문이다. 소수가 부를 독점할 때, 그 재화는 죽은 재화일 뿐이라 여겼다. 홍길주는 부와 권력이 소수에게 집중되어 대다수가 궁핍하게 살아가는 현실을 강하게 비판했다.

> 사람은 반드시 먹은 뒤라야 다스릴 수 있다. 사람이란 반드시 먹은 뒤라야 가르칠 수 있다. 사람이란 반드시 먹은 뒤라야 질병도 치료한다(『숙수념』, 15관 정(丁), 「오거념 상(五車念上)」).

이뿐 아니다. 홍길주는 백성들의 먹고 사는 의식주 문제를 해결해주지 못한다면 통치도, 교화도 할 수 없다고 단언한다. 당장 굶주리는 이에게 삼강오륜을 가르쳐 성리학적 통치 질서에 순응토록 하는 일은 불가능하다고 말한다. 백성들이 정당한 방법으로 성실하게 생업에 종사할 수 있게 해야 한다. 홍길주는 제 능력을 발휘하며 살아갈 수 있는 수많은 이들이 비참하게 살아가는 현실에 안타까워했다. 홍길주는 이렇게 되는 요인으로 천재지변 같은 불가항력 사건을 언급하지 않았다. 이들을 사각지대에 방치해놓고 재난을 알아서 견디게 만드는 무능한 행정이 문제라고 여겼다. 소수에게는 별천지 같은 세상이나 다수에게는 지옥 같은, 그야말로 체감온도가 확연하게 이질적인 세상인 것이다. 이를 해결하기 위해서는 있는 자의 무조건적인 베풂과 호혜가 우선되어야 한다고 여겼다.

> 집의 동쪽 담 밖에 따로 집 하나를 지어 용수원(用壽院)
> 이라고 한다. 당대의 양의들을 모아 살게 하고 약물도 많이
> 저장해서 이웃과 친척 중 병들어도 가난해서 치료할 수 없
> 는 이들을 구제한다.…… 지금의 의원들은 대부분 가난한
> 자들이다. …… 그러나 후하게 대우해서 이익을 추구하는
> 마음을 버리게 한다. 인원을 늘려 수고를 분담하게 한다. 서
> 적을 많이 구비해 정밀하게 연구하도록 한다. 좋은 약재를
> 구비해 용도에 따라 사용하게 한다. …… 이렇게 되면 용수
> 원의 의원들을 모두 천하의 양의들일 것이고 사람들이 그
> 혜택을 입을 것이다…… 이런 방법으로 사람을 뽑고 법을
> 시행하며, 이런 방법으로 천하와 국가를 운영한다면 어찌
> 억만년만 지속되겠는가?(『숙수념』, 1관 갑(甲), 「원거념 상(爰居念
> 上)」).

크고 작은 역병이 휘몰아치던 시대를 살아가서인지 홍길주는
유독 의술과 의사에 관심이 많았다. 홍길주는 자신의 일곱 살 아
들이 천연두에 걸리자 절망하다가 완쾌하자 기뻐하고 감사했다.
시간이 지나면서 의학 처방이 누적됨에 따라 의술의 효과를 신뢰
하게 됐으나, 의술의 혜택을 모두가 누릴 수는 없었다. 고을원은
가난하여 약을 살 수 없는 사람에게 의원과 약을 제공해 치료해

주고 국가는 이를 보고받아 의원과 고을원의 업적 평정에 참고해야 한다는 법이 있었다(『경국대전』, 권3, 「예전」, 惠恤). 17C 중반 이후 혜민서로 대표되는 국가의 대민 의료는 약화되었고 민간의료가 대신 성장했다(이홍식, 2010). 그러나 고가의 약재를 이용할 수 있는 사람들은 소수의 사대부들이나 재력가들이었다. 홍길주는 역병의 유행 같은 재난 상황이 모든 계층에게 똑같이 경험되는 것이 아님을 직시했다. 가난할수록 비극적이다. 평민은 말할 것도 없었고 가난한 비주류 양반도 돈이 없어 치료를 제때 못 받다 보면 순식간에 가정은 처참하게 몰락했다. 한편 홍길주는 빈곤의 문제가 환자에게만 해당하는 사항이 아님을 알았다. 홍길주 집안은 1821년 역병이 유행했을 때 의원 임덕경의 도움을 받았다. 임덕경은 많은 이들을 치료해주고 목숨을 구해주었는데도 늙도록 궁하게 살았다(이홍식, 2010). 홍길주는 임덕경 같은 이들이 가난 때문에 제대로 본업에 힘쓰지 못하는 현실에 안타까워했다. 의사 또한 가난한 경우가 많아 전문성을 확보하기 위해 연구에 시간을 투자하지 못한 채 돈벌이로 마구 치료하며 제 살을 깎아 먹고 있다고 보았다.

홍길주는 이런 불합리함을 해결하기 위해 장수를 도와주는 의미를 지닌 용수원이라는 공공의료기관을 구상했다. 『숙수념』의 제1관에서 논할 만큼, 다급하고 중요하다 여겼다. 용수원은 세상을 구제하려는 뜻을 가졌지만 세상에 쓰이지 못한 인재들과 의학을 연구하고 의서를 편찬하며 각 분야의 전문적인 경험을 더해

환자를 치료하는 지사(志士)와 유의(儒醫)들을 위한 공간이었다(김호, 2022). 홍길주는 거칠게나마 오늘날 복지국가를 실현하기 위한 공공재를 도입한 정책을 앞서 구상했다. 이미 활인서와 혜민서가 존재했으나 역부족인 상황이었다. 그러나 18세기 즈음부터 격리를 담당하고 있던 활인서가 관리들의 나태와 병자를 구료할 재원의 부족으로 유명무실해졌다(김호, 1999)

> 북산의 기슭에서 강과 시내의 양 언덕까지 천여 가구가 산다. 군자들은 모두 착실하게 학예를 닦고, 일반 백성들은 모두 부지런히 생업에 종사한다. 장난치며 노는 아이들도 모두 그 아비와 형을 사랑하고, 가마꾼이나 하인의 천한 아녀자들도 재가하는 이가 없다. 불효하거나 형제 사이가 좋지 않다거나 음란하고 게으르고 훔치고 해치고 하는 일들은 귀에 들리지 않는다. 벼슬살이 갔던 자리도 관직이 끝나면 즉시 돌아오고, 나랏일은 입에 올리지 않는다. 일반 백성들은 정치나 이해관계 따위는 있는 줄도 모른다(『숙수념』, 1관 갑(甲), 「원거념 하(爰居念下)」).

앞의 인용글에는 홍길주가 그린 아름다운 세상의 모습이 그려져 있다. 수려한 자연 풍광은 세 번째이고 첫 번째는 유학이 꿈꾸는 대동사회를 이룬 세상이었다. 이웃이 더불어 아름다운 세상 속 즐거움을 누리지만 그 즐거움이 누구 때문에 가능한 것인지도 모르는 세상. 각자 직분에 충실하되 선한 마음을 잃지 않는 사회. 재화의 혜택을 골고루 누릴 수 있어 걱정·근심을 잊게 되는 세상. 그렇다면 사각지대에 놓인 이들을 구제하고 가난한 이들에게 호혜를 베풀기 위한 재화는 어디에서 나오는 것일까? 이들에게 먹을 것을 나누어주고 치료해주기 위해서는 막대한 재화가 필요하지 않을까? 조선 왕조는 경제활동의 중심을 생산에 두고 소비를 억제하는 이러한 성리학적 경제관 아래에서 유통경제의 활성화를 통한 이익 추구를 긍정하거나 국부를 창출하는 경제론이 나오기란 지극히 어려웠다(오영교, 2013). 하지만 『숙수념』 그 어디에서도 부를 마련하는 구체적인 방법은 논의되지 않는다. 홍길주가 보기에 현실의 인간은 자기가 가진 것에 만족하지 못하며 끊임없이 누군가를 부러워하느라 제 손에 주어진 행복을 볼 줄 모르는, 탐욕을 절제하지 못한다. 홍길주는 현재 나라 곳간에 있는 것도 요긴하게 사용할 수 있는데 자꾸만 이를 탐내는 이들이 문제라고 보았다. 곳간이 빈 게 아니라, 지배층이 나라의 곳간을 사적으로 탐내 자기 곳간을 채운 게 문제라고 여겼다. 홍길주는 재물이 열 개가 있다면 다섯을 덜어서 빈곤한 이를 구제하고, 두셋은 이 일을 담당한 실무자들에게 주며 한둘은 도둑들에게 주고 남는 하나를 가지면 재물로 인한 폐단이 생기지 않을 것이라 여겼다(『숙수념』, 15관 임(壬), 「거업념 계(居業念 季)」).

홍길주의 사례는 당시 세도가 출신의 지식인들이 모두가 탐욕의 길을 걸었던 것은 아니었음을 보여준다. 홍길주의 자전적 고백에 따르면 여섯 살부터 책을 읽기 시작했다. 분명한 건 유학뿐만 아니라 수학과 과학 같은 서양식 학문도 깊게 공부했다. 홍길주는 살아가면서 알아야 하는 지식이란 것이 끝이 없으니(『숙수념』, 2관 갑(甲), 「원거념 하(爰居念下)」) 공부는 끝도 마침도 없다고 여겼다. 당시 유학자들은 사서오경 등 익혀야 할 학문의 방대함에 지레 겁을 먹었다. 현실의 선비들은 과거 합격을 위한 시험용 공부를 하느라 학문을 넓고 깊게 공부하지 못했다. 유학자들의 공부는 두 가지 목표, 즉 수신과 치국을 위해서이나 그 어느 것 하나도 제대로 목표한 바에 도달하지 못하는 현실이었다. 홍길주는 "재주와 학문, 뜻과 행실을 갖추는 것은 백성들에게 복을 주기 위해서(『숙수념』, 13관 임(壬), 「거업념 중(居業念中)」)"라는 유학의 공부에 충실하고자 했다. 하지만 홍길주의 생각은 양인과 노비의 신분 질서를 전제하는 조선 왕조를 유지하기 위한 보수적 대안이었다는 한계가 있다.

오늘날도 가난에 대한 두려움은 여전하다. 팬데믹을 겪는 동안 취약계층일수록 전염병의 노출 위험이 높으며 병원 문턱 또한 만만치 않음을 확인할 수 있었다. 제3세계와 빈곤지역에서 감염자와 사망자가 속출했다. 세계 최강대국이나 빈부격차가 심한 미국의 경우, 소외계층을 중심으로 사망자가 많았다. 복지 사각지대에 놓인 이들일수록 신체건강뿐만 아니라 경제적·심리적 어려움을 크게 겪어야 했다. 역사에서는 '만약에?'라는 물음을 종종 던진다. 역사의 시계는 철저히 인과법칙을 따르는 것도 아닌데도 더 나은 경우의 수에 대한 아쉬움과 기대는 어쩔 수 없다. 만약에 홍길주의 공공형 복지에 대한 구상이 실현되었다면 그 이후는 어떻게 달라졌을까? 가난, 기근, 역병의 사각지대에서 고군분투했을 그 많은 백성들의 삶은 나아졌을까? 1862년 삼남 지방을 중심으로 일어난 농민항쟁, 1894년 전라도 고부군에서 시작한 동학농민운동 등이 일어나지 않았을까? 그 사이 세월이 흘러 강산이 수십 번 변했다. "누가 이 생각을 이루어주랴." 이쯤 되면 홍길주의 구상이 이루어질 때가 되지 않았을까.

맺음말

포스트 코로나(Post Corona) 시대가 시작되었다. 그러나 또 다른 바이러스가 등장해 팬데믹 상황을 겪게 될 가능성이 남아 있다. 게다가 잦아진 이상 기후와 환경 오염 등은 지금 이 시기가 인류세(Anthropocene)임을 경고하고 있다. 지금과 같은 인간 위주의 경제활동이 계속 이어지는 한, 재이·기근·전염병이라는 3종 세트는 언제든 반복될 것이 분명하다.

일종의 경고에 해당하는 팬데믹 사건은 평소 무감각한 인간에게 세계는 하나이고 인간 또한 그 속에서 더불어 살아가야 하는 존재임을 상기시킨다. 그러나 불확실한 상황에 마주하여 겪게 되는 불안은 이러한 깨달음을 잊게 만든다. 육체적·사회적 생존에 대한 불안과 두려움은 타인에 대한 혐오를 일으키기도 한다. 우리 사회는 한 차례의 팬데믹 시기에 더욱 불거진 다양한 혐오를 경험한 바 있다. 타인에 대한 공감 능력이 떨어지고 함께 손을 맞잡는 일에 불쾌해하며 각자만의 벽을 조심스럽게 만드는 모습이 낯설지 않다. 각자의 '안전'이 최우선의 가치가 될수록 접촉, 만남,

연대 등은 점점 안전을 위협하는 부정적인 요인으로 전락할 것이다. 그래서일까? 팬데믹이 끝나가는 시점부터 지금까지, 사회 곳곳에서 이전보다 삶이 더 나아졌다고 느끼기는커녕 더욱 팍팍해졌다고 말한다.

본서는 그 어느 때보다 공감과 호혜의 가치가 절실하다는 문제의식에서 출발한다. 유학자 맹자는 인간이라면 전혀 일면식이 없음에도 우물에 빠진 아이를 구하고자 하는 마음을 가지고 있음을 호소한 바 있다. 그런가? 논란의 여지가 많음에도, 충분히 공감할 수 있는 주장이다. 맹자는 이해관계가 얽히지 않았음에도 순수한 선의 마음으로 다른 사람을 애틋하게 여기는 마음, 혼탁한 세상살이에서도 그 마음을 유지하는 것이 사람다운 세상을 만드는 기본이라 역설하였다.

본서에서 다루는 14명의 유교 지식인들 또한 맹자 등의 사상을 받아들여 타인에 대한 사랑(仁)을 인간의 기본 덕목으로 삼고 제 삶에 녹이고자 '노력'했던 사람들이었다. 맹자가 언급했듯, 사람의 마음은 누구나 지닐 수 있지만 이를 꽃피우기 위해서는 노력이 필요하다. 조선의 유교 지식인들은 공부가 특별한 무언가가 아니라 그러한 노력들이 일구어내는 것이라 여겼다. 후대인의 복잡하고 엄청난 양의 공부에 비한다면 참으로 간단하고 쉬운 일처럼 비추어질 수 있다. 하지만 이들이 추구했던 공부의 완성, 즉 성인(聖人)이 된다는 것은 평생의 노력을 쏟아야 그 목표 언저리에 다가갈 수 있는 험난한 과정이다(성광동, 2021;106). 게다가 이들이 마

역병의 시대, 조선 지식인의 삶과 공부

냥 안정적이고 청량한 환경에서 공부를 한 것만은 아님을 알게 될 때, 인간의 '존귀'가 그냥 얻어진 것만은 아님을 이해할 수 있을 것이다.

그때나 지금이나 '인을 해치는 적(敵)'은 사방에 무수히 많다. '적'은 무력으로 인을 해치기보다 '인'에 대한 희망을 갖지 못하게 만듦으로써 인간 스스로가 사람다운 삶을 포기하게끔 만든다. 역설적이게도 학습된 무(無)사유의 상태에 빠지게 한다. '이런다고 달라지겠어?'라는 생각이 대표적이다. 더하여, 소수의 특별한 사람만이 '적'의 유혹에 넘어가지 않는다고 여긴다. 대단한 신념을 가진 사람 말이다. 그러나 14명의 유교 지식인들 또한 평범한 사람들이었다. 이들은 결코 성인(聖人)이 아니었다. 특히나 역병의 상황에서는 다른 사람들과 다를 바 없었다. 다만 유교적 가치를 삶에 적용하고자 고군분투했으며 그 결과 가시적인 성취를 얻지 못했다고 그만 두지 않았다. 불리한 여건 속에서도 공감과 호혜의 정신을 잊지 않았던 까닭은, 결국 다른 사람에 대한 애틋한 마음, 즉 사랑의 끈을 놓지 않았기 때문이었을 것이다.

본서는 낯선 '너'와 '내'가 '우리'가 되기 위해서는 결국 인간에 대한 연민, 애틋함, 사랑의 마음(감정)을 확충시키는 것에 있음을, 이런 사유가 실현 가능성이 희박한 낭만이 아니라 '삶 그 자체'로 이어져야 함을 말하고 싶었다. '티끌같은' 나와 너가 서로를 발견하고 다정히 접촉할 때 이번 '생'이라 불리는 정류장이 화사

해진다'고 호소하던 시인 김선우의 시를 빌려 글을 마무리하고자
한다.

> 네가 있던 자리에는 너의 얼룩이 남는다
> 강아지 고양이 무당벌레 햇빛 몇점
> 모든 존재는 있던 자리에 얼룩을 남긴다
>
> 환하게 어둡게 희게 검게 비릿하게
> 달콤하게
> 몇번의 얼룩이 겹쳐지며 너와 나는
> 우리가 되었다
>
> 내가 너와 만난 것으로 우리가 되지 않는다
> 내가 남긴 얼룩이 너와
> 네가 남긴 얼룩이 나와
> 다시 만나 서로의 얼룩을 애틋해할 때
> 너와 나는 비로소 우리가 되기 시작한다
>
> 얼룩이 얼룩을 아껴주면서
> 얼룩들은 조금씩 몸을 일으킨다

---

1   김선우(2021), 「티끌이 티끌에게」, 『내 따스한 유령들』, 창비.

역병의 시대, 조선 지식인의 삶과 공부

서로를 안기 위해

안고 멀리 가면서 생을 완주할 힘이

되기 위해[2]

---

2   김선우(2021), 「그러니까 사랑은, 꽃피는 얼룩이라고」, 『내 따스한 유령들』, 창비.

참고문헌

『논어』

『간이집』(한국고전번역원 한국고전종합DB https://db.itkc.or.k)

『갈암집』(한국고전번역원 한국고전종합DB https://db.itkc.or.k)

『경국대전』(국사편찬위원회 한국사데이터베이스 http://www.history.go.kr)

『다산시문집』(한국고전번역원 한국고전종합DB https://db.itkc.or.k)

『대산집』(한국고전번역원 한국고전종합DB https://db.itkc.or.k)

『목민심서』(한국고전번역원 한국고전종합DB https://db.itkc.or.k)

『삼국사기』(국사편찬위원회 한국사데이터베이스 http://www.history.go.kr)

『삼봉집』(한국고전번역원 한국고전종합DB https://db.itkc.or.k)

『성호사설』(한국고전번역원 한국고전종합DB https://db.itkc.or.k)

『우계집』(한국고전번역원 한국고전종합DB https://db.itkc.or.k)

『율곡전서』(한국고전번역원 한국고전종합DB https://db.itkc.or.k)

『일두집』(한국고전번역원 한국고전종합DB https://db.itkc.or.k)

『입제집』(한국고전번역원 한국고전종합DB https://db.itkc.or.k)

『잠곡유고』(한국고전번역원 한국고전종합DB https://db.itkc.or.k)

『여유당전서』(한국고전번역원 한국고전종합DB https://db.itkc.or.k)

『조선왕조실록』(국사편찬위원회 한국사데이터베이스 http://www.history.go.kr)

『회재집』(한국고전번역원 한국고전종합DB https://db.itkc.or.k)

경석현, 2013, 「『조선왕조실록』 재이 기록의 재인식」, 『한국사연구』 160, 47-82
　　　쪽.

계승범, 2014, 『중종의 시대: 조선의 유교화와 사림운동』, 역사비평사.

계승범, 2021, 「『양반전』을 통해 본 18세기 조선의 사회신분 질서」, 『한국한문학
　　　연구』 81, 55-87.

김가람, 2021, 「여말선초 효행 기록의 변화」, 『한국사학사학보』 43, 65-96쪽.

김기현, 2004, 「퇴계의 소유와 존재 의식: 청빈의 인간학」, 『퇴계학보』 115, 1-44쪽.

김덕진, 2008, 『대기근, 조선을 덮치다: 우리가 몰랐던 17세기의 또 다른 역사』, 푸른역사.

김선우, 2021, 『내 따스한 유령들』, 창비.

김선희, 2013, 「가난, 병, 죽음: 삶의 난관 앞에 선 실학자들」, 『한국실학연구』 26, 121-167쪽.

김양식, 2020, 「조선시대 전염병 양상과 특징」, 『충북 Issue & Trend』 39, 8-13쪽.

김유미, 2021, 「인간-동물 관계의 인식과 실제: 『성호사설』을 중심으로」, 『이화어문논집』 54, 119-137쪽.

김하라, 2022, 「46년의 홍역 : 권상일의 『퇴계집』에 기록된 감염병의 시간」, 『한국한문학연구』 84, 77-125쪽.

김호, 1999, 「정조대 의료 정책」, 『한국학보』 22(1), 1231-1257쪽.

김호, 2022, 「조선후기 경화사족의 자선 의국 구상: 홍길주의 용수원을 중심으로」, 『서울학연구』 88, 1-36쪽.

김덕균, 2021, 「효자전, 경전과 관행의 사이: 조선 초 왕조실록의 효행 통계를 중심으로」, 『양명학』 61, 229-250쪽.

박균섭, 2021, 「효도와 효행: 해석사 검토」, 『인문논총』 78(4), 165-207쪽.

백민정, 2018, 「다산의 『목민심서』에 비친 조선 시대 지방 정치의 자화상」, 『지식의 지평』 24, 135-147쪽.

서봉덕, 2009, 『『마과회통』의 의사학적 연구』, 경희대학교 박사학위 논문.

성광동, 2021, 「성리학의 공부론과 이상적 삶의 모습에 대한 고찰」, 『동양고전연구』 83, 95-124쪽.

성호준, 2016, 「일두 정여창의 학문세계」, 『포은학회』 18, 111-133쪽.

송수진, 2014, 「조선시대 자녀교육의 한 사례: 윤증의 「여자행교」를 중심으로」, 『한국교육사학』 36(3), 83-106쪽.

송수진, 2021, 「임진왜란기 사족 부형의 형상화: 『쇄미록』을 중심으로」, 『국학연구』 46, 211-241쪽.

송수진, 2022, 「우계 성혼의 자성적 삶과 자기 완성의 공부」, 『한국학논집』 89, 5-36쪽.

신동원, 2022, 「조선 후기 전염병에 대한 정약용의 대응 방식」, 『다산학』 40, 7-55쪽.

심경호, 2020, 「『성호사설』의 생물지식 재편 시도」, 『한문학논집』 55, 147-189쪽.

안경식, 2022, 「소년 류의목은 어떻게 유학자가 되었나」, 『국학연구』 47, 357-387쪽.

안외순, 2021, 「호혜적 공감의 문화정전 『논어』와 『맹자』」, 『동방학』 45, 81-115쪽.

오영교, 2013, 「연암 박지원의 사회, 경제 개혁론에 대한 일고찰」, 『담론201』 16(1), 137-164쪽.

오종록, 2001, 「세도정치」, 『내일을 여는 역사』 7, 73-84쪽.

오희문, 전주대학교 한국고전학연구소 역, 2018, 『쇄미록 1-8』, 사회평론아카데미.

이경구, 2009, 『17세기 조선 지식인 지도』, 푸른역사.

이덕일, 2019, 『조선왕조실록 3: 세종, 문종, 단종』, 다산초당.

이우진, 2022, 「죽음을 통한 젊은 유학자의 성장」, 『한국서원학보』 14, 333-373쪽.

이욱, 2000, 「조선시대 국가 사전과 여제」, 『종교연구』 19, 149-168쪽.

이욱, 2009, 『조선시대 재난과 국가의례』, 창비.

이정철, 2020, 「잠곡 김육」, 『복현사림』 38, 97-106쪽.

이주영, 2022, 「조선후기 문학의 역병 재난과 대응 양상」, 『열상고전연구』 77, 261-296쪽.

이창일 외, 2014, 『심경 철학사전』, 한국학중앙연구원 출판부.

이홍식, 2010, 「항해 홍길주의 이용후생론 : 의약에 대한 관심을 중심으로」, 『한국실학연구』 19, 309-338쪽.

전경목, 2007, 「조선후기 지방유생들의 수학과 과거 응시」, 『사학연구』 88, 263-309쪽.

정순우, 2013, 『서원의 사회사: 고문서로 읽는 조선조 교육의 역사와 풍속』, 태학사.

정진영, 2001, 「백불암 최홍원의 학문과 향약」, 『퇴계학과 유교문화』 29, 63-92쪽.

정호훈, 2017, 「16세기 『소학』의 번역과 변화」, 『코키토』 91, 36-83쪽.

조정현, 2018, 「『역중일기』를 통해본 조선후기의 향약과 마을공동체 운영」, 『영남학』 67, 239-271쪽.

한국국학진흥원, 김정민 외 역, 2015, 『(할아버지와 함께 한 시간들) 하와일록』, 한국국학진흥원.

한국국학진흥원, 신상목 외 역, 2015, 『청대일기 1-4』, 한국국학진흥원.

한국국학진흥원, 장재석 외 역, 2017, 『일기국역총서: 역중일기 1-7』, 한국국학진흥원(https://www.koreastudy.or.kr/pub/kookhakList2.do).

한민섭, 2007, 「조선 후기 가학의 한 국면: 서명응일가의 문학을 중심으로」, 『한국실학연구』 14, 251-286쪽.

허남진·박성규, 2001, 「신유학의 현실문제 인식 : 격물론, 귀신론, 재이론을 중심으로」, 『인문논총』 45, 171-202쪽.

홍길주, 박무영 역, 2021, 『누가 이 생각을 이루어 주랴 1·2(숙수념)』, 태학사.

국립국어원 표준국어대사전(https://stdict.korean.go.kr/search/searchView.do)(2024년 3월 6일 인출).

대통령을 위한 사자성어 1위 '경국제세'(https://n.news.naver.com/mnews/article/096/0000010586?sid=101, 2023년 8월 25일 인출).

경북대학교 인문교양총서